UN SÉJOUR À LA BIBLIOTHÈQUE

OUMAR HAMADY GAYE

UN SÉJOUR À LA BIBLIOTHÈQUE

http://www.editiongoree.com

editiongoree@gmail.com

ISBN : 978-2-492737-09-1

EAN : 9782492737091

DÉDICACES

-Si vraiment la mort n'arrête pas l'amour alors sachez que je vous aimerai pour toujours :

•Mon Petit Frère Dialagui Gaye décédé en 2005

•Souleymane Diallo (SMD) : 02 octobre 2018

•Bébé Saly (Ndeye Coumba Dieng) : 17 juillet 2020

•Nénam Mary Mbow : 13 décembre 2020

Reposez en paix !!!

UN SÉJOUR À LA BIBLIOTHÈQUE

UN SÉJOUR À LA BIBLIOTHÈQUE

REMERCIEMENTS

A mes deux parents
A ma famille (Aissata, amadou, Abou, Abou thiawa, Ciré, Rayhana,
Ousmane, Aly, et Salamata)
A mes amis et camarades qui m'ont cru
A mes lecteurs (hommes et femmes) qui forment LA PHARMACIE POÉTIQUE
Aux enseignants de (écoles woudourou, collège sadel et woudourou et ceux des lycées de Nguidjilone et de Bokidiawé)
A tous ceux qui, de près ou de loin ont participé à la réalisation de ce projet
A monsieur Demba Baba Diouf, professeur au lycée de cheikh Ahmadou Bamba de Kaolack et le premier à avoir étudié mon poème en plein cours
Et enfin à mon brave et honorable frère Dr Demba Gaye enseignant chercheur à UASZ qui a voulu accepter avec humilité de financer ce projet.

MERCI À TOUS.VOUS AVEZ FAIT DE MOI CE QUE JE SUIS ET ALHAMDOULILAH

PREFACE

De tous les métiers au monde, je peux me permettre de dire que l'enseignement est le plus noble. Transmettre du savoir à des esprits fragiles, revient tout simplement à façonner et à fasciner des âmes sensibles. C'est cette mission qui m'est assignée en tant que professeur de Lettres Modernes au lycée Hassan Sadio Diallo de Nguidjilone. Chemin faisant, j'ai croisé dans l'exercice de ma fonction plusieurs générations d'élèves toutes différentes les unes des autres.

L'année scolaire 2018- 2019 a été remarquable pour moi, avec des élèves très intéressés par les cours de français. Parmi ces élèves, un jeune garçon de teint noir au milieu de la salle au regard de léopard, discret mais pas effacé, humble mais pas timide, nonchalant mais pas paresseux, intelligent mais pas grossier, pertinent dans ses prises de parole mais pas pédant. Il s'agit bien de ce poète en devenir, Oumar Hamady Gaye, qui ne me surprend point en se rangeant dans le cercle restreint des immortels à travers la publication de ce recueil titré "un séjour à la bibliothèque".

Gaye possède de très nombreuses qualités, qui font de lui une personne délicieuse et surtout respectée et admirée par ses pairs. Il est ouvert d'esprit, brillant, franc, extrêmement dynamique et proactif. J'ai toujours été touché par ses productions littéraires et son comportement d'élève exemplaire. Il a confiance en son jugement, ses choix, sa détermination à défendre ce qui lui parait important. Il regorge d'une qualité rare chez un élève, le sens de l'écoute.
Le jeune poète est toujours attiré par l'essentiel, car il sait d'où il vient et où il va. En effet, il est agréable et sincère, conséquent et ambitieux, ce ne sont pas les moindres de ses qualités. Pour toute cette vision de l'avenir, du haut de l'estrade nous voyons émerger son entreprise littéraire.

Justement, ce grand amoureux de la littérature et principalement de la poésie, a très vite compris que l'écriture est l'aboutissement de cette culture littéraire qui sommeille en lui. Les nombreux poèmes qu'il me soumettait pour une relecture et correction après les cours en attestent vivement.

Le genre poétique dans lequel il s'est engagé n'est pas simple comme beaucoup le pensent. Car il n'est pas à la portée de n'importe qui, de ce fait n'est pas poète qui le veut. Gaye est doué d'un sens poétique exceptionnel. Il est à la fois mystique et sensationnel. Le poète français du XIXe siècle à l'instar de Musset soutient à ce titre : « frappe-toi le cœur c'est là qu'est le génie ».

Ce recueil de Gaye se présente comme une anthologie qui passe en revue une multitude de thèmes : la souffrance de la vie, la douceur du bercail, la nostalgie de l'enfance, le chômage des jeunes et surtout l'amour abordé sous diverses formes, qu'il soit platonique ou érotique. La poéticité de Gaye n'est plus à démontrer, elle tire sa source dans l'étymologie de ce genre en question. En effet, sa poésie explore les ressources et la matière du langage : sens et structure, rythme et typologie. Dans sa quête de sens, le poète travaille le langage de façon à associer sensation et signification. A ce propos, l'image poétique est à ce titre un élément constituant de la poésie : à la fois idée et évocation visuelle, elle parle aux sens et à l'esprit.
De tous ces thèmes précités, celui qui apparait en filigrane, c'est sans doute l'amour. Il traverse le recueil verticalement et horizontalement. Ce qui fait l'originalité de son recueil, c'est qu'en parlant d'amour, les poètes ont en général un destinataire.

Ce qui n'est pas le cas ici. L'amour n'est pas seulement axé sur une femme qui se présente comme une muse, à l'image de Baudelaire et Jeanne Duval, Lamartine et Julie Charles, Paul Eluard et Gala. Toutefois, Gaye en parle sans avoir un but précis, il cherche assurément à faire part de son expérience des sensations qu'il a éprouvées avec plusieurs femmes. Mais aussi de son village de naissance woudourou, en passant par Nguidjilone où il obtient son baccalauréat puis atterrir dans la capitale de la Casamance, Ziguinchor où il se plait beaucoup.

Gaye nous a fait voyager ainsi dans une belle poésie, dans un style d'écriture très original à travers une déconstruction et construction. Enfin, si je peux me permettre de remettre mon manteau de professeur je lui dirai ceci : le chemin que tu as choisi, c'est le bon car l'écriture a un pouvoir divin. Cet ouvrage n'est que le début d'une fleurissante carrière qui certainement ne vient que de commencer.

Younouss SALL/ Professeur de lettres Modernes

FOUTA

Comme la pluie qui tombe sur le sol
Tout oiseau rêve de prendre son envol
Hâte de poser mes pieds sur le sol
Là où même sans l'appétit on finit le bol

A l'aurore j'aurais à traverser tout le désert
Même s'il faudra marcher dans la poussière
Voyant briller un et mille rayons solaires
J'embrasserais le vent, la nature et les airs

Sur la route pour se rendre à la terre natale
Fouta des hommes aux pensées optimales
La terre sacrée et bénie d'Al foutiyou Tall
Injuste serait de ne pas écouter Baaba Maal

Papa vêtu de son grand boubou de Wango
Savoure la voix merveilleuse de Farba Gawlo
Sans pouvoir de distinguer Torodo et Baylo
La vie se rend belle chez moi, mon Fouta Toro

WOUDOUROU

Bordé de champs, ceinturé de jardin apercevable de loin et de près
Centré au cœur de palmiers dattiers d'où le surnom "Dankél Tamarodié"
Garni de fleuve à l'autre extrémité où les roches se sont superposées

Emmitouflé de gloire et d'honneur, voilà pourquoi tes fils t'ont tant adoré

Berceau de mes sensations, ma case de départ, l'envol de mon oiseau

Là où les premières gouttes de pluie ont crépité sur le bas de mon dos

Tu fais naître plus que des hommes, mais de braves et super héros
Woudourou mon village natal je t'aime à finir dans les tombeaux

Je te dois autant plus de biens mon beau village qu'à moi-même
J'aurais voulu t'écrire l'un de mes meilleurs textes de poèmes

Tu m'as appris à voler de mes propres ailes, tel un aigle dans les airs

A grandir et à rester tel que je suis sans perdre ce qui m'est cher
La douce lueur de ton soleil couchant fait que la nuit porte conseil
La douce mélodie de tam-tam au"Dinguirél" à la couleur d'arc-en-ciel

Mon beau village à l'histoire sacrée et secrète de la
bouche à l'oreille
Woudourou ma terre bénie, promise et belle à la sucrerie
d'abeilles Woudourou aux chapelets rythmant à la symphonie de la

lahi-ha-ilalh
Vouant son admiration à Mohamed et croyant à l'unique Allah
L'inévitable et nécessaire complémentarité de tes femmes et fils
A fait que seul ton développement reste la seule et l'unique devise

L'HIVERNAGE

Le ciel est émotionné au point qu'il ne fait que verser des larmes
La nature accouche une verdure qui nous façonne et nous charme
Même les plantes stériles s'artificient et poussent leur germe
Les cultivateurs fouillent la terre et partout des graines ils sèment

Sous la menace de la tornade la pluie fond les nuages
L'atmosphère dans sa couche d'ozone fait face à l'orage
Cette période où jour et nuit les étoiles sont pris en otage
La sécheresse murmure à l'hivernage ses trois mois de stage

En hivernage le ciel allaite la terre aride et assoiffée
En hivernage de la tête au pied le désert inerte est inondé
En hivernage les lacs, les cours d'eau, les mers sont mouillés
En hivernage même les feuilles mortes peuvent bien respirer

D'une beauté sans limite l'hivernage nourrit nos âmes d'espérance
Cette période est loin d'être un mérite mais une grande chance
L'environnement vomit sa haine et combat la sécheresse à outrance
L'arc-en-ciel se prend comme la météo et annonce les vacances

MON CHOU À DOUX

Ivre de ta peau sans pareille douce, lisse et séduisante
Je contemple ton regard qui ne laisse personne indifférent
Et sous l'espoir de mes fortes pensées palpitantes
Nos cœurs s'adonnent sans que mon âme en soit consciente

La lueur de tes yeux calquée aux paupières d'un ange sur terre
Ton regard qui glisse sur les couloirs de mes artères
La rondeur de tes cils fait naître une boule de lumière
Qui reflète l'immaculé éclatement des rayons solaires

Je caresse ton corps et les ondes de ta poitrine surchargée
Tes yeux lumineux condamnent mon être en bouche bée
Tes yeux de mille feux d'étoiles vives procurent une éternité
A mon âme nouvellement née, qui pourtant existait

Avant que la nuit ne perde sa vie je t'appellerai ma prunelle
Je respirerai le parfum de ton corps purement naturel
Ta peau donne une flamme de la nuit d'extrême étincelle
Ta douceur une chaleur thérapeutique et sensationnelle

MON PASSÉ

Je n'ai jamais regretté mon passé mais je n'en suis pas trop fier
J'aurais pu me passer de certaines étapes et franchir des barrières
Les souvenirs me reviennent en tête comme si c'était hier
Je ne voudrais plus m'en souvenir, j'aurais aimé qu'on l'enterre

Dans mon passé j'ai vécu de sales et de mauvaises histoires
J'ai été pris dans mon propre jeu dans pas mal de soirs
Que de conneries et de bêtise, c'était ma routine du matin au soir
Il m'est difficile d'oublier car après tout j'ai vécu dans le noir

Heureusement que dans mes erreurs j'en ai appris beaucoup
Je suis tombé puis je me suis relevé rien que pour rester debout
J'ignorais le respect et je n'étais pas sérieux, on dirait un vrai fou
Si aujourd'hui j'ai grandi, c'est juste que j'ai rêvé grand et c'est tout

Mon passé n'a jamais été parfait car j'ai connu d'énormes échecs
J'en n'étais pas trop conscient à l'époque j'avais un esprit d'un petit mec
Mais comme on dit souvent chaque échec est une leçon de morale
Et on recule pour mieux franchir la barre transversale

L'UNE OU L'AUTRE

L'oiseau perd son goût de vivre quand on le prive de ses ailes
On ne parle pas d'océan si l'eau n'est que dans une bouteille
Comment peut-on imaginer en pleine nuit voir le soleil ?
Est-il permis de songer à la réussite sans que l'on ne travaille ?

Tu demandes l'aide du ciel tandis que tu ne crois pas en Dieu
Juste à peine d'arrivé tu fais des bagages et tu dis adieu
Voyager t'ennuie mais tu veux visiter et être dans tous les lieux
Tu souffres énormément mais tu murmures un tout va mieux

Le soleil est au zénith mais tu ne supportes pas la fraîcheur
Tu dis que celui qui prend le bien des autres n'est pas un voleur
Tu n'es pas un pédophile mais tu fréquentes des mineurs
Pour toi l'amour n'existe pas mais un sentiment anime ton cœur

Tu n'es pas fidèle mais ton partenaire ne doit pas te tromper
Tu ignores les chiffres et les lettres mais tu veux toujours compter
Pour toi la vie est belle mais elle pouvait ne pas exister
Tu n'avances pas mais les gens ne doivent pas progresser

On te parle de jumelles et tu demandes si elles sont des sœurs
Tu fuis à chaque fois mais tu dis que ce n'est pas par peur
Tu manges beaucoup et tu dis que tu n'as pas d'appétit
Tu vois clairement le singe ensuite tu dis que son petit doit être joli

MON RÊVE

La nuit, le cœur est embaumé de joie dans sa demeure
Quand dans mes rêves je cueillais des fleurs roses d'amour
Réveillé le matin j'étais perdu, tout me fuit même le bonheur
De mes yeux ouverts d'ici et là mon regard fait un grand tour

L'amour intense de son sourire me donnait encore l'envie de vivre
Sur son visage je lisais un je t'aime comme si j'avais en main un livre
Dans mon cœur je la chérissais intensément, elle était ma reine de nuit

Sa lumière rayonnait tout autour de moi sans faire aucun bruit

La souffrance endurée me rendait solide et encore plus fort
A côté quelqu'un murmura illusion et j'ai répondu qu'il a tort

Je me sentais en vie quand du bout des doigts je touchais son corps
Cette fille qui soulevait du vent avec de la poussière en or

Dans mes rêves j'avais enterré mon passé dans un trou
Car aimer plus que jamais n'était pas pour moi un tabou
Qui aurait imaginé qu'à mon réveil je serai tel un fou

Et que je perdrais mes dents, mes lèvres et mes grosses joues

LA SOLITUDE

Exilé en permanence, l'ombre de la solitude m'accapare Dans le
cœur un amas d'espoir, espérant revenir tôt ou tard
Et un murmure de tout va bien joue beaucoup un rôle phare
Ainsi le sourire devient chez moi une chose manquante et rare

Mes larmes qui coulent à l'intérieur forment un vrai casse-tête
A ce qui paraît j'ai perdu ma force pour être honnête
L'absence fait plus que mal on l'a dit et je le répète
Vous savez tant d'images me hantent et me traversent la tête

La ferme n'est pas ce que je ressens mais le fait d'être isolé
Si vraiment le visage ne ment pas, vous y verrez les plaies
Rien que de retrouver ceux que j'aime, le plaisir m'altérait
Et surgissait le poids lourd de l'absence d'amour et d'amitié

A chaque envie d'être plus fort, sans pitié le cœur dit non
Noyé dans mes faiblesses je pleure en criant en un petit ton
Je vois la galère et l'impuissance qui me tournent en rond
Dans un rare instant la liberté plaide et me dit, bien
partons !

AMOUR FRAGILE

Parfois il arrive à ce que l'amour décide de mettre fin à sa saison
Chez toi et ton compagnon vivant en parfaite union
Chacun accuse l'autre coupable et se dit avoir raison
Tu m'as déçu ; toi aussi ! chacun émet ces expressions

Il nous arrive parfois de dire que l'on ne va plus aimer
Quand les choses semblent être dures et compliquées
Il nous arrive souvent d'avoir du mal à bien gérer
Quand l'inagréable et l'inutile semblent se mélanger

Il nous arrive parfois à vouloir garder le silence
Préférer souffrir seul et mourir en une petite cadence
Que d'être le premier à adresser la parole à son partenaire
Même si son absence fait plus mal, on finit par se taire

Il nous arrive parfois de vouloir vivre célibataire sans aucune tutelle Vivre libre sans ceci" bébé pourquoi tu ne prends pas mes appels ? Il nous arrive en pleine nuit de regarder les étoiles dans le ciel Puis pleurer un peu pour que la nuit porte conseil

Il m'arrive souvent de longtemps fermer les yeux et penser à toi
Et quand je les ouvre sûr est que c'est toi que je vois
Dans ma rivière d'amour profondément je m'y noie

Pour te faire cadeau je te donne mon cœur, mon âme et toute ma foi

MA ROSE

Je me souviens du jour où on a échangé le premier mot
Ayant du mal à croire je me demandais si c'est vrai ou faux
Car je me sentais en plein rêve faisant un cauchemar
Ta beauté, ton charisme, ton charme n'existaient nulle part

Je t'ai promis la nuit, la lune et les étoiles par milliers
Je t'ai promis ma patience, ma confiance et la fidélité
Je t'ai promis mon cœur, et tout ce qui a pu exister
Je t'ai promis le bonheur, le sourire et de toujours t'aimer

Tu es le centre de mon cœur, le début, le milieu et la fin
Je me perds profondément quand ton regard croise le mien
Pour te combler de bonheur je n'attendrai pas demain

J'ai l'intime conviction que nul ne laissera l'autre tomber
Pour ne plus jamais retourner, mon cœur je vais te le donner
Des cadeaux oui des tonnes et des tonnes je t'en ferai
Bébé dis-moi tout ce que tu veux de moi je te l'offrirai

Avec toi je vis l'amour pour de vrai comme un fou
Nos beaux souvenirs me reviennent en tête partout
Mes soucis ont fini au diable car tu les as maudits

JE SUIS AMOUREUX

Elle est mignonne, douce et elle est une boule de beauté
Évidemment tout a commencé dès le premier mot abordé
J'ignore le début mais j'ai longtemps gardé le secret
Entre nous c'est une histoire belle à peine débutée

Elle me fait oublier mes soucis et les problèmes avec mon ex
Je l'aime pour de vrai et non uniquement pour le sexe
Quand je parle d'elle, je réalise de très beaux textes
Je fais du n'importe quoi pour elle sans aucun prétexte

Avec elle je partage le manioc et l'igname du jour
Dans sa peau je traverse le monde et je fais le tour
Je me sens coupable comme un accusé à la cour
De l'avoir aimée car dans mon cœur, son amour pèse lourd

Avant j'ai bien existé mais avec elle vraiment je vis
Elle me berce trop souvent comme un bébé au lit
Je ne sais pas comment vous dire mais elle est ma vie
Oui j'ai enfin trouvé l'amour de ma vie oui ma poésie

LA FORCE DU CŒUR

Le plus souvent on aime tout en ignorant la source d'origine
Car l'amour à sa première cause qui dépasse ceux qui la signent
Le cœur ne ment pas quand sur sa marche il désigne
Il est le grenier du ressenti où les sentiments s'alignent

Quand le partenaire fait semblant l'amour devient blessant
Montrant qu'on aime et qu'on est là alors qu'on ne l'aime pas tant
Tant de mensonges et de faux visages jouant avec des sentiments
De celui qui t'apprécie et qui t'élève au plus haut des rangs

Tu sais l'amour comment il est quand on aime on est aveuglé
Même si le ciel est sombre et noir et que la lune est éclipsée
On finit toujours par voir la lumière telle une journée ensoleillée
Il est difficile de se détacher car le cœur est kidnappé

En dépit des trahisons l'être finit toujours par encore tomber amoureux
Car l'amour est logique même si parfois c'est dur et douloureux
L'amour quand il est authentique et original il reste éternel
Même si on encaisse la souffrance et le mal telle une sentinelle

De toute conscience en plein silence, le cœur fait ses cris
Virevoltant des images sombres dans sa galerie d'esprit
Vomissant des mots tristes et nuisants sur ce qui est permis

Murmurant à haute voix à quand l'amour sérieux dans la vie

LA MORT

Les pires douleurs de l'absence se succèdent en fil
Mon cœur meurtri réclame de s'aventurer pour un exil
Je pleure et supplie de vivre à temps les faits réels
Etant désillusionné mon cœur s'adonne au sale bordel

Malgré mon corps, avec tous ses efforts
Le mal est toujours à côté pour m'accuser à tort
La mort n'arrête pas l'amour ces expressions de dicton
Sont ce que mon cœur murmure en silence, en un petit ton

Les images qui défilent, deviennent fausses à mes yeux
Triste et touché, mon regard se tend vers le bleu du ciel
Je pleure la mort même si je crois toujours en Dieu
Car son amour et son absence me tuent à petit feu

Ce n'est que pour immortaliser la personne qui m'est chère
Que je pense souvent à elle même si elle n'est plus sur terre
Aimer ceux qu'on a perdus est une perpétuelle quête
Même si l'absence pèse lourd et me prend souvent la tête

LE MAL

Par où commencer pour vous expliquer l'histoire en détails
De ce bonheur métamorphosé d'une heure à une heure en une faille
Allongé sur le dos tel un mécanicien qui passait à souder les rails
Dans une nuit qui s'écoulait sans le bruit de ferraille

Tel un aveugle qu'on demandait de passer au dessus d'un puits
Ou un innocent derrière les barreaux qui n'aperçoit pas la lune qui luit
Je sentais la lourdeur du mal tombée comme une pluie
Et s'abattre au moment où portait conseil la nuit
Dans mon cœur le mal se révéla être un dangereux criminel

Mettant du feu au palais en mélangeant sel et miel
Il avait fini de semer sur son passage, la douleur et la souffrance
Ce fut une nuit nocturne aux reflets brutaux et opaques
Tel un catholique à qui on interdit de fêter la pâque

Décidément tout avait perdu de valeurs à mes yeux
Je pensais vivre l'ultime seconde avant de filer vers les cieux
L'atmosphère fut forte car c'était une pire canicule
Le nœud de ma souffrance dépassait mes calculs

Doutant de mes forces je me sentis faible tel un mort en sursis
La faiblesse me hantait on dirait un homme à la recherche de survie

ENFANT DE LA RUE

Je suis un enfant mais différent des autres certainement
Je n'ai pas eu la chaleureuse affection de papa et de maman
Je suis un talibé, un enfant de la rue, je suis un mendiant
Je suis exilé seul à défaut de la présence de mes parents

Sous le vent et la chaleur, sous la pluie et la tornade
Matin et soir, jour et nuit tel un vieux berger nomade
Je passe à dormir dans les rues comme un sans-abri
Oui la solitude et la souffrance restent mes fidèles amies

Je marche pieds nus partout pour demander l'aumône
Espérant une petite pièce, de durs travaux, on me cautionne
Je sens une sensation de gêne et un vide au creux de mon ventre
Et pour mettre fin à ma faim j'alterne les maisons, je frappe aux portes

Entre l'insécurité et le manque de protection je vis mes maladies Si
prévenir vaut mieux que guérir je sais alors qu'ici je perdrais la vie
Dans de telles situations pourrai-je mémoriser le coran Je
me demande à qui la faute, mon marabout ou mes parents ?

LA CONFIANCE EN SOI

La confiance en soi est la seule et unique solution
Pour réussir dans la vie de la plus belle des façons
N'attendre rien de personne doit être la convention
De chacun car avant tout ça minimise les déceptions

A chacun la liberté de tracer seul son chemin
Avec l'envie d'embrasser le beau cadeau du destin
Avancer avec courage à ne jamais dire jamais
Car le monde appartient à tous ceux qui se lèvent le matin

Tous les hommes naissent égaux et sans exception
La différence réside dans le courage et la détermination
Certains croisent les bras et d'autres tendent vers la perfection
Car la vie est une charge, à chacun d'accomplir sa mission

La foi est la matière première de toute réussite
Car on doit avancer tout droit sans aucun doute
Vouloir réussir ne suffit pas car au fond de tous ce ressenti dort
Nous sommes dans un monde où l'effort fait les forts

MAUVAIS SOUVENIRS

Sur son visage des écrits en rime sous forme de poème
N'ayant connu que la haine et la souffrance extrême
Teint aux multiples couleurs tel un personnage bohème
Il grandit avec des regrets comme des graines que l'on sème

Plus que peiné, son cœur blessé et mille fois cicatrisé
Profondément il se perd dans ses lourdes pensées
Qui le conditionnent à voyager au monde de regrets
A travers un regard triste meurtri par les années

Placé en étalage, les souvenirs se superposent de sa mémoire
Des souvenirs amers qu'il ne peut plus y croire
Et entre pleurer et rire, son cœur devient endurci
De son passé mystérieux que ses larmes justifient

Entre peur et désespoir, hier il vivait pleinement sa mort
Fait d'os et de chairs, la souffrance lui mordit le corps
Fléchi sur ses genoux, il s'interroge sans merci sur son sort

MA PERLE RARE

(Refrain) : Ton corps est un puit d'amour des hommes assoiffés
De ta douce chaleur tout le monde en est affamé
A l'unanimité les hommes restent impressionnés quand ton corps est en activité
Ta poitrine est une chaîne de montagne
Et tu es toute ronde quand tu es en pagne
Ta beauté a couronné mes yeux
Et me fait voyager dans les sept cieux
Je n'ai pas trouvé une autre appellation pour te dire que tu es une source d'inspiration, ma première option, ce canal où passe ma respiration.
Laisse-moi bâtir notre amour et en un grand édifice
Et quand viendront tes enfants, je les appellerai mes fils.
Tu es ce miroir avec lequel tout au long je me promène
Brise les chaînes, vomis ta haine et oublie tes peines, ma belle, ma reine
Si tu m'aimes alors sache que c'est pareil et tu n'as pas besoin d'ouvrir grandement les oreilles pour entendre les battements de mon cœur non je te ferai juste un clin d'œil afin que tu ressentes la même chose à chaque heure
(Refrain) : Ton corps est un puits d'amour des hommes assoiffés
De ta douce chaleur tout le monde en est affamé
A l'unanimité les hommes restent impressionnés quand ton corps est en activité
Ta forme waw ! Quelle impressionnante œuvre d'art !
Après ton chaque va-et-vient je réclame la var
Prendre une journée à te regarder je n'en aurai jamais marre
Qu'est-ce que t'es sublime Machala

L'ARC-EN-CIEL DE MES YEUX

Je t'écris ce message sans commencer par une lettre majuscule
Je sais que notre amour a connu des ratures et d'énormes virgules

Mais cela ne signifie guère que c'est notre dernier point final
Ouvre ton cœur et laisse mes phrases te faire la morale

Mon cœur, mon amour et mes organes sont en point de suspension
Pourquoi une telle histoire, à chaque fois je me pose cette même question
L'amour ne s'analyse pas grammaticalement, ni en une analyse logique
A trop se poser des questions tu risques d'avoir une équation mathématique Redonne-moi ta main et voyageons avec la météo comme des géographes
Écrivons la belle page de notre amour avec une bonne orthographe
Efface le tableau de notre passé et rappelle-moi la date d'aujourd'hui
Certainement on aura à faire une très belle leçon sur la poésie
Aime-moi comme je t'aime et dans mon cœur je te donne une bonne note
Même si tu n'as rien fait de bon puisque je t'adore alors je ne corrige pas tes fautes

MA PHARMACIE POÉTIQUE

Permettez-moi de verser trois gouttes d'eau dans les océans de vos cœurs
Limoger vos peines et vous éloigner loin de vos peurs
Puis dans l'arc-en-ciel de vos yeux faire accroître les couleurs
Car ma poésie est un remède contre toute injure et malheur

A ce qui paraît, il faudra que je change vos chiffres et que j'augmente vos montants
Car je vous vois courir plus vite et vous n'arrivez pas à être devant
J'ai du mal à vous voir hisser la tête et peiner à figurer dans les rangs

La montre a certainement ses raisons qu'ignore fortement le temps Mieux vaut ne pas exister si le cœur n'est pas sensible à la poésie

Car chacun de mes mots donne encore espoir à une nouvelle vie
Ma plume pour bercer vos âmes, souriez comme la vache qui rit
Bienvenus, la pharmacie poétique, votre bonheur c'est bien ici
Je suis un célibataire marié car la poésie est ma fidèle femme
Juste une minute, pas plus, laissez-moi diagnostiquer vos âmes
Pour que dans les couloirs de vos cœurs s'enflamment le Slam
Écrire c'est vivre, lire fait vivre, je le jure au nom de la femme

SON REGARD SUR LE MIEN

Ma langue était prise en otage et j'étais suspendu à son regard
La campagne de séduction, elle maîtrisait très bien cet art
Si le clin d'œil n'est plus légitime, il va falloir consulter la var
Car à chaque fois que son regard croise le mien, sur mon visage ça fait tard
Ce que je ressens pour lui, seul son cœur peut le comprendre
Fou amoureux de son être, elle a fini de me le rendre
Si vraiment l'amour tue, dites-lui que mon âme est là et qu'elle vienne la prendre
Qu'elle me brise les membres et mes organes qu'elle ruine en cendre
Je croyais savoir tout sur l'amour mais je n'en sais pas trop

Car il a suffi juste son mot pour qu'en elle je sois accro
J'ai envie de raconter l'histoire mais vous allez dire que c'est faux
En tout cas sur mes yeux, elle a mis la lumière qu'il faut
Je ne sais pas mais j'aime bien la vie si c'est nous deux
Avant j'existais et là avec elle je vis encore mieux
Au premier rendez-vous je lui ai donné tout ce que j'avais
Mon amour, mon cœur, mon estomac et tout ce qui pouvait aimer
Car pour le reste de mon existence je vois toute ma vie à ses côtés
Et si Aimer est un crime, condamnez-moi à jamais

PASSÉ COUPABLE

Il y a de ces histoires qu'on n'arrive toujours pas à oublier
Et qui très souvent nous privent de sommeil et nous empêchent de rêver
Des histoires dégoûtantes, qu'on n'aimerait plus jamais y penser
Mais malheureusement qui sont toujours là pour témoigner de leur fidélité
Chacun de nous a dans son tiroir un passé surchargé de regrets
Des erreurs commises, de mauvais actes et qu'on a juste envie d'effacer
Des occasions manquées qu'on souhaiterait bien réaliser avec succès
Du temps perdu sur des choses inutiles qu'on pouvait surpasser
Et maintenant on ne pose que des conditions comme si on avait un verbe à conjuguer
"Si je savais, si je savais"' à bout et au bout de la langue, on ne cesse de murmurer
Le passé nous a trahi en nous faisant croire qu'il est la seule page de la vie
On s'adonnait au sale bordel croyant qu'on vivait sur terre le paradis
Voilà aujourd'hui dans nos têtes sommeillent des souvenirs teints aux soucis
Le monde marche à petits pas mais malheureusement on s'est fait rattraper par la vie

CASAMANCE

Malgré le passage de l'hexagone Casamance garde son sourire doré
La culture reste intacte, propre, intouchable et surtout inchangée
Ici le bien ne se perd pas oui ça se range dans les musées
Casa, tes fils chantent ta gloire sous l'ombre de tes bois sacrés

J'aime la Casamance, terre promise, région paysanne, la belle nature
Garni d'arbres et d'eaux, ceinturée d'une somptueuse verdure
Ici le cœur bat plus fort car on respire de l'air pur
Casa j'ai bien appris à danser avec les kankurang, ça je te le jure

Dieu a créé le monde, l'homme, la survie et ici a vu le jour la chance
Casamance n'attend pas l'hivernage pour se nourrir d'espérance
Par le peu qu'elle a, ses hommes vivent pleinement dans l'opulence
Ici les gens font ce qu'ils ont à faire puis de tout droit ils avancent

J'ai demandé c'est où la casa on répondit là où est née Aline sitoë
Là où on enfante des rêves pour les accoucher en une sacrée réalité
On dit que derrière tout homme il y a une grande dame qui se cache
J'aime la femme casamançaise car elle est pleine d'audace

JE SUIS DE CETTE AFRIQUE

Je suis de cette Afrique où pour un meeting le politicien gaspille
de l'argent alors que dans son quartier meurent de faim des
enfants. Je suis de cette Afrique où on achète une arme rien que
pour ôter à son frère son âme.
Je suis de cette Afrique où on refuse de voir clairement la réalité
de la vie et pour nous diriger on choisit nos propres ennemis.
Je suis de cette Afrique où on montre à sa femme qu'on est un
roi alors qu'à l'arène des hommes on perd notre langue et notre
voix.

Je suis de cette Afrique où nos dirigeants trouvent intéressant de
verser le sang des enfants innocents.
Oui ici on a notre propre histoire, des guerres matin et soir, des
choses tellement sales qu'on n'arrive pas y croire.
Partout on voit de jeunes diplômés et formés mais sans emplois,
des jeunes qui ont tout tenté et tentent la Mer pour se noyer.
Cette Afrique qui n'est plus une source d'espoir pour cette jeunesse
qui en a marre de cette sombre histoire Barbare.

Je suis de cette Afrique, des frères qui ont la même nationalité mais
des frères qui se détestent qui n'ont jamais pensé à faire la paix.
Dans mon continent, la famine a fini de faire ravage et
malheureusement nos politiciens corrompus comme des animaux
sauvages, et naïvement ils se prennent comme des sages.
J'ai des larmes aux yeux quand je vous parle de mon Afrique, cette
Afrique où chaque année des étudiants sont tués par des flics.
Ici où on s'en fiche de la justice et où on accuse des plumes
poétiques porteuses de préjudice.

Je suis de cette Afrique noire et sombre où les dégâts se font en
nombre où on compte les morts en hécatombe.
Je suis de cette Afrique de viol, de vol et d'agression où la guerre
a frappé à toutes les portes des différentes nations.
Je suis de cette Afrique malgré tout que j'aime et je cherche la
graine de la paix puis partout je la sème.

TOI ET MOI

S'il vous plaît écoutez-moi j'ai une chose importante à vous dire
Voulez-vous enlever vos lunettes et sur mon visage tout lire
Finalement après le mal et le pire j'ai su garder le sourire
Frères je suis sérieux, ne prenez pas ça comme un délire

Après avoir grignoté de gauche à droite, d'ici et d'ailleurs
Finalement j'ai retrouvé comme tout avant un peu de bonheur
Maintenant comme tout le monde je peux rêver sans peur
Je vous dis que je me sens un homme, surtout le meilleur

Vous savez, les malheurs de mon cœur sont les miens
Mon âme ne me laissera pas mentir car elle m'est témoin
J'ai longtemps essayé d'aimer mais ça finit en vain
L'adage disait que le bonheur qui arrive n'est jamais lointain

Je suis né sans savoir qu'aucun couple n'est parfait
Et toute relation marche sur des pas de nets intérêts
Mon cœur a de palpables preuves je ne dis pas pour accuser
Je jure de dire rien que la vérité, sachez que je suis aimé

MESSAGE DE RUPTURE

J'ai longtemps perdu ma langue par contre il fallait que je brise le silence
Ça ne va pas être facile bébé mais prends les choses dans le bon sens
T'as toujours été auprès de moi pour cohabiter à mon existence
T'avoir à mes côtes était pour moi une très grande chance

J'avais même pensé à t'inviter ou te rencontrer quelque part
Pour te dire la vérité dès à présent avant que ça ne soit trop tard
Ce message je sais que tu auras des larmes quand tu vas le lire
C'est dur mais je n'avais pas de choix je devais te l'écrire

Entre nous c'est une histoire donc forcément.
Ça allait prendre fin un soir
Ça ne va pas être facile mais les choses en face tu dois les voir
A chaque fois que tu te mirais c'était moi que tu voyais dans le miroir
Je t'aime bébé mais te quitter je crois que je vais le devoir

Ce n'est pas la fin du monde juste une rupture tout court
Même si dans ton cœur le message va peser très lourd
Je suis obligé de mettre fin à la relation qui nous lie toi et moi
Ce n'était pas mon rêve mais il fallait que j'opte le choix

J'ai une intime conviction, oui je t'aimerais pour toujours
Mais tu sais au référendum on vote soit non, soit pour
Ta place, elle sera toujours là et personne ne pourra la prendre
Tu diras tout ce que je dis, est faux mais tu finiras par comprendre

Certes ensemble on avait tellement de projets ça c'est sûr
Se marier et avoir beaucoup d'enfants dans le futur
Mais respire fort et accepte telle qu'elle est cette rupture
Je sais qu'un jour tu revivras un amour parfait et pur

IL M'ARRIVE

Il m'arrive de sortir de ma race poète et courir dans la forêt
Vivre mes envies et me laisser librement être passionné
Se mettre au sommet des montagnes et observer l'or du soir
Dont la beauté est juste sublime aux éclats du reflet d'un miroir

Il m'arrive de m'amuser avec les oiseaux et de contempler le vent
De me mettre sous le soleil et aspirer de l'air pour un bon moment
Avoir l'envie de rester dans la verdure sans que j'y perde le temps
Et sous l'ombre des arbres géants composer un petit chant

Il m'arrive de vouloir être seul dans un bon abri et partager mes peines
Regarder marcher, courir et voler dans cette végétation sereine
Ses oiseaux qui déploient sans gêne leurs ailes quoi qu'il advienne
Et je murmure que sans le secret de la nature, la vie est vaine

Il m'arrive une fois dans la forêt de vouloir devenir un roi chasseur
Naviguer dans mes lourdes pensées comme un vieux pêcheur
Fermer longtemps les yeux puis les ouvrir dans un autre monde
Oui il m'arrive souvent de m'exposer sous une forte pluie qui tombe

PALESTINE

Les coins et recoins labourés par des armes fatales
Les habitats et les murs dévastés par des balles
Une histoire dégoûtante, pitoyable, à la fois pire et sale
Palestine et ses fils souffrent et vont plus que mal

L'arbre de la paix s'est écrasé et déraciné en Palestine
Les âmes de musulmans on s'en amuse et on en badine
Sans gêne partout le sang des croyants, on endocrine
Dites-moi si le monde court à l'envers ou s'il se décline ?

En Palestine les enfants sont entre le marteau et l'enclume
En Palestine j'avoue que les femmes souffrent encore hum !
En Palestine c'est surtout la flamme du feu qui les parfume
En Palestine on dirait que la guerre est devenue une coutume

Même si des années ont passé et que rien n'a changé
Soutenons la Palestine qui vit dans le vent et la marée
Car l'ONU semble avoir oublié le rôle qui lui est assigné
Free le monde et la paix en Palestine ensemble osons rêver

AU COMMENCEMENT

Au début ce n'était pas facile et aujourd'hui pas du tout
On est tombé et s'est relevé rien que pour rester debout
Tout tremblant dans nos têtes et on nous prend comme des fous
Sans compter les années on a tourné comme une roue

Le chemin n'est pas difficile mais difficile a été le chemin
On a forgé le présent pour espérer de bon fruit dès demain
Tout était éloigné mais le réveil n'est encore plus lointain
Les mêmes causes produisent les mêmes effets au quotidien

On a surpassé la peur pour se munir d'une pièce d'espoir
La routine était la même, lire du matin, midi jusqu'au soir
Connaître tout et ne rien y croire, séjourner dans le noir
On a ouvert nos bouches aux cent mille micros trottoirs

Sous la commande de quiconque, il fallait une livraison
Ensemble on a bâti le présent de nos écrits comme des maçons
On a compris que ce qu'il fallait c'était une tenaille de détermination
Toucher profondément les cœurs serait peut-être la moisson

LA FORCE

A mon intime conviction c'est
bien d'être aimé
Mon cœur en flammes
Aspire à la Paix et au Slam

A mes dents qui s'envolent
Pour sourire au bonheur
Mon âme sous le parasol
Aspire à essuyer sa sueur

A mes yeux qui se ferment
Pour ne point voir le mal
Mon visage n'est plus le même
Et est difficile à faire la morale

A un futur prometteur et meilleur
Mes os et ma chair osent bien rêver
Faire face et enfin combattre la peur
Ma foi et mon âme se sont condensées

REINE DE MON CŒUR

Nous avons construit notre amour sans ciment ni fer
Je t'ai choisie dans ma vie je t'ai ancrée dans ma chair
Je t'aime plus que tout et à mes yeux le monde est petit
A chacun son amour, son trésor et pour moi tu es ma vie

C'est quand la conscience est en intensité que le choix devient pertinent
Mon amour mon choix est porté sur toi et mes sentiments en avant
Je t'aime comme un fou sans peur du mal et du bien
Je veux vivre auprès de toi et sécuriser notre parfait lien

Sans même une possibilité je me suis créé une solution
J'ai franchi les obstacles de la vie et je savoure notre union
Je nourris la graine de l'amour qui fleurit sans compter les saisons
Être ensemble avec toi à jamais reste mon unique conviction

Entre toi et moi on dirait une histoire venant à peine de commencer
Aux yeux de tout le monde montrer que l'amour a toujours existé
Ma chérie je sais que toi et moi on s'aime et on est hyper motivé
A s'unir et à se compléter malgré l'amour et ses difficultés

Je sais que dans ton royaume d'amour je suis le seul et unique roi
La fidélité anime fortement notre union et ensemble on se croit
Matin comme soir on vit pleinement l'amour en douce sensation
Et si nulle relation n'est parfaite notre couple en est une parfaite exception

Au seul battement de ton cœur pourrait faire trembler d'effroi
Tout homme sensible à l'amour et effectivement aussi bien que moi
Car quoi que je fasse de mon visage qu'à chaque fois je larmoie
Essuyer mes larmes, l'art de bien faire est uniquement à toi

Nul n'est censé savoir que l'or vaut mieux que l'ivoire
Et même en fermant les yeux je finis bien par te voir
Ton charme le justifie et ton élégance le fait valoir
Mon amour te porter au fond du cœur est pour moi un devoir

Comment ignorer ton amour en douce sensation
La clarté de ta peau est une bombe en explosion
Aucun homme n'hésitera de te choisir comme unique option
Car à la province de l'amour tu es la reine de la nation

A mon cœur une et mille fois déçu, le tien sert de confort
Rien que ton sourire éclatant constitue un grand décor
Confesser à ton amour vaut une aventure du Sud au Nord
Mon amour, on s'est aimé depuis un jour et on continue de s'aimer encore

PARDONNE-MOI

Si chaque goutte de larmes sur mes joues est synonyme de regrets
Alors sache que j'aurai aimé effacer tout et recommencer à zéro
Ce n'est pas parce que je suis faible que je passe toute la nuit à pleurer
Non c'est juste je me suis pris à ton jeu et à ton amour je suis accro
Ouvre mon cœur et ferme mes yeux, dis-moi que nous allons vivre à deux
Console mes battements et éloigne mon amour de ce petit feu
N'hésite pas à me redonner ta main et sache que j'ai appris de mes erreurs
Il est plus que temps de me faire confiance mais il est bien l'heure
Tourne la page de ta souffrance et oublie la pire douleur
Crois-moi, fais-moi confiance, je suis là et n'aie plus peur
Mouille ton ressenti sur l'océan de mon cœur, allez respire fort, réchauffe notre passé inoubliable et fais-moi plonger dans le confort
Fissure mes tympans et dis-moi que tu m'aimes encore

MA SŒUR A LA BAGUE AU DOIGT

Ton regard te mène vers une histoire qui t'est encore inconnue
Je vois que ton sourire s'envole et que ta fierté te tue
Ton bonheur t'immole et tes lèvres sont en torse nu
Tu as porté sa bague au doigt et il t'a fait sa belle élue

Aujourd'hui ton visage est une scène de festival d'émotions
Tes dents en toute liberté célèbrent un sourire d'absolution
Tel au défilé cosmopolite tu incarnes les valeurs de ta tradition
Tu lui as fait ton Habibi et il t'a fait la reine de sa nation

Ta conscience est en intensité et t'as très bien Grandi en âge
T'as très tôt compris que ce qui fait la femme c'est le mariage
Ce n'est ni un déni ni un dommage de pleurer face aux hommages
Même si ton cœur est sensible aux moissons de témoignages

Sache que même en pagne tu peux encore soulever des montagnes
Et que le mariage est un terrain de la vie qu'on gagne
Ils te diront que le foyer est une mélancolique vie du bagne
Ne te panique pas à l'idée de finir seule, ton mari t'accompagne

S'il te plaît ma sœur aime ton homme comme il t'aime
"Né ko ayo bébé "comme si tu déclamais un joli poème
Sur le chemin de ton bonheur, amène-lui pour qu'il s'y promène
Attire tout ce qui cerne, sache que tu es une femme ou une reine

HEUREUX MARIAGE A NOUS DEUX

C'est parce que notre amour est si sincère et parfait
Qu'il a fallu aujourd'hui un mariage pour l'honorer
Oui mon amour c'était juste cette décision qu'il nous fallait
Pour dire au monde que notre amour est bien vrai

C'est une très grande nouvelle page dans notre vie
Car nous nous sommes déclarés femme et mari
Prendre le soin de nous-mêmes on s'est bien promis
Ô bébé je nous imagine déjà ensemble à deux au lit

Ce mariage est une belle preuve et surtout palpable
Qui justifie clairement que notre relation est valable
Dorénavant nous pouvons semer l'amour dans le sable
Ce ne serait pas un crime pour qu'on nous accuse coupables

Bébé heureux ménage à nous deux M. et Mme bonheur
Enfin la série de notre vie où nous sommes des acteurs
Désormais je vais sentir ton corps et ta douce chaleur
Waw ! J'ai une âme apaisée et un cœur au congélateur

JE T'AIME MAMAN

Trouverai-je un mot suffisant, captif, riche et à la fois important ?
Et à ma manière décrire la femme que j'aime énormément
Dans mon cœur elle occupe le premier rang, elle est mon aldiana
Ma darling, mon héroïne, la raison de mon existence je t'aime maman

Quand je prends ma plume pour psalmodier ta bonne foi
Une chaleur joyeuse émerveille mes poumons et je me larmoie
La seule personne qui prie de vouloir quitter le monde avant moi
Néné que serais-je dans ce monde noir et sombre sans toi ?

Dieu m'est témoin que j'aurai vécu pleinement ma mort
Si je n'avais pas auprès de moi une mère au cœur si noble et fort
Autour de moi, elle constitue mon décor et elle brille tel de l'or
Maman je t'aime plus que tout car tu es mon unique trésor

Maman je traversai le monde à pied pour te dire je t'aime
Et je t'offrirai une vie paisible, paradisiaque et surtout calme
J'aurais voulu t'écrire le meilleur de mes textes de poèmes
Car dans ma vie je te dois autant plus de bien qu'à moi-même

Thione seck place ses métals et loue Diagua puis Maria Chantal
Moi je déploie mes vers pour ma phénoménale maman et sans égal
Celle qui m'aime pour de vrai avec un amour authentique et original
Nénam est ma vie, mon cœur, mon oxygène plus mon côté dorsal

NON À L'HOMOSEXUALITÉ

Faut-il un mental de résistant pour assaillir ce phénomène ?
Aux homosexuels, je demande s'ils ont des âmes humaines ?
Écoutez que le monde s'effondre ou sous-jacent qu'il se ruine
Disons non dans notre Sénégal à cette sale relation masculine

Je ne sais pas d'où nous viennent ces cris de phonie
Mais nous n'avons pas d'ouïe pour en entendre parler ici
Le Sénégal n'est pas un terrain de jungle de la barbarie
On vit selon notre rythme et on danse au son de notre mélodie

Il est temps d'ouvrir la bouche ou de la fermer à jamais
Objecter et opprimer puis dire non à cette histoire de gay
On n'est pas destiné à patauger dans l'homosexualité
Au peuple d'avoir la tête bien sur les épaules pour lutter

Le soleil semble fuir aux interrogations, ô quel dommage !
Mais le silence ne doit pas être le recueillement des sages
Quand le combat est noble sans calcul ma plume s'engage
À la communauté gay, le Sénégal adresse le mot dégage

LES CRIS DU CŒUR

Ne voulant rien comprendre sur ce babil
Des cris silencieux de mon cœur fragile
Triste, mon bonheur et mon bien s'exilent
Dans la profondeur des mers et des îles

Douleur et souffrance progressent en duo
Dans mon pauvre cœur en stade de chaos
Une voix muette, sourde me parvient en écho
Murmurant une raclée inopinée sur mon dos

Mon misérable cœur incompatible à l'amour
Continuellement, se fait fondre de jour en jour
Pitoyable !! il continue de s'y attacher toujours
Espérant un bon tour et d'en tirer profit un jour

LETTRE À AL FARUQ

Al faruq prend juste une minute pour lire cette lettre que j'ai mise
tout le temps pour écrire
Mes yeux étaient inondés par des vagues de sensibilité qui
coulaient jusqu'à voir les larmes tarir
Certes pleurer c'est une abstraction qui ne résout aucun besoin même
si le ressenti est très lourd
Frère je ne peux m'empêcher de verser des gouttes de liquide
matin, soir et à chaque jour
Si je fais le compte ou le point de mon climat dans ma foi j'ignore
vraiment
Car là j'ai chaud au cœur comme si j'étais dans la chaleur du
kankourang
J'ai hâte de te dire que tu nous manques énormément
Et depuis que tu nous a quittés pour un séjour éternel sous la terre
J'éprouve un moment nostalgique que je ne connaissais guère
Cette lettre, quand tu la liras j'espère que tu vas te rappeler du soleil,
des prodromes et de l'arc-en-ciel
Certainement tu te souviendras des feuilles des oiseaux et des chants
des mirabelles
Ton absence s'est construite un toit dans mes pensées sans même la
pose de la première pierre
La solitude me hante au corps et me mord ma pauvre chair

On a beau temps passé à te pleurer plus d'une longueur de journée
Telle une mère qui venait de perdre son tout nouveau-né.
A vrai dire ni les poètes ni les lecteurs, personne de nous ne s'est préparé

Pour te voir partir et continuellement auprès des anges s'exiler.
Al faruq si c'est sûr que la mort ne peut et ne parviendra jamais à arrêter l'amour
On te promet de te donner le meilleur de nous pour toujours.

TIDIANE HANN

Un guerrier à la parole franche et au cœur sans détours
Un guerrier qui face aux tons des mythomanes reste sourd
Un guerrier admiré par ceux avec qui ils avaient vécu
Un guerrier vénéré par cette nouvelle génération venue

Engagé plus que jamais pour combattre tout outrage
Il avait compris que le mensonge ne doit pas prendre de l'âge
Tidiane a toujours conçu que seule la vérité soulage
Et que seules nos langues pourront faire de nous des sages

Tidiane à la devise, nous ne sommes rien sans nos cultures
Quiconque oublie ses valeurs sera condamné aux brûlures
Est homme, celui qui tient ses coutumes à ses doublures
Tidiane au rang des soldats jambars tu es élu et ça c'est sûr

Un homme éminent et révolutionnaire sans salaire
Rien que la vérité lui vaut plus que ses os et sa chair
Combattant de droit commun et pour une justice égalitaire
Tidiane Hann restera à jamais une figure légendaire

POURQUOI J'ÉCRIS

Pourquoi j'écris c'est la question qui m'est posé à chaque matin
Et je réponds tout simplement peut-être que pour limoger mes
peines, scier ma haine, et apprendre à faire face à la vie
quotidienne.
Ce n'est peut-être que pour n'avoir plus peur, oublier les douleurs
vivre le temps à chaque heure, et sourire au bonheur.

Alors voilà une motivation qui a fait vibrer mes organes depuis
mon enfance
Certains diront que c'est une grande chance de s'adonner à
l'écriture
Oui une grande richesse voire une opulence.
Mais quoi qu'il en soit, j'écris pour me faire entendre
Partager mes idées et faire valoir mes convictions
Oui j'écris pour ne plus garder le silence.

En écrivant parfois je vois les choses au-delà de mon regard
Ma plume me fait voyager sans que je ne parte nulle part
Et partout où je passe dans la rue on me crie hey le génie !
Mais je sais que je suis loin de l'être juste

J'ai su ouvrir mon cœur face aux belles lettres
Que me dicte la poésie
J'essaie toujours de mettre des mots
Dans chaque cœur sensible à l'émotion

J'essaie de convaincre tout le monde sans même avoir raison
Je ne me replie jamais sur moi-même
Non je démocratise les moments intenses
Je soigne le mal avec l'écriture telle une ordonnance Oui écrire
c'est faire face aux esprits maléfiques et à tout genre
d'existence.

Rien ne me fait autant plaisir que quand on me parle de l'écriture
A vrai dire c'est le sens de ma vie
Même si parfois c'est difficile et trop dur
Mais ce qui berce mon âme c'est la poésie.

LA FEMME, UNE INNOCENTE

Quand est-ce que nous arrêterons de faire du mal à la femme ?
Cette lueur d'espoir qui éclaire le monde des hommes
Elle qui aspire plus d'affection dans son fond et sa forme
Ingrat est celui qui pousse la femme à verser des larmes

Arrêtez ! La femme n'est pas un outil à l'action sexuelle
Pourquoi sur elle tant de violences répétitives et perpétuelles ?
Ô qu'est-ce que c'est indigne, inconscient et à la fois cruel
De profiter de sa faiblesse sans un consentement mutuel

Homme ! Tu es la matérialisation typiquement de cette ineptie
Qui force à croire que la femme est un objet dans ta vie
Tu aurais dû longuement marcher sans t'avouer un but précis
Si la lumière de la femme n'avait jamais jailli pour que rayonne ta vie

Femme épouse et future mère, une partie de ma chair, une statue entière
Laisse-moi superviser ton corps pour dire que ce n'est pas un lieu de guerre
Montrer aux pauvres ignorants que tu n'es pas un animal domestique

Et que ton âme est la paix, ton cœur la prospérité, ton corps la mystique

Honte à celui qui bâillonne la femme sans pitié ni respect Une âme innocente qui mérite d'être chérie, aimée et adorée Je refuse à ce qu'elle soit réduite à ses simples capacités Femme qui cordonne, pardonne sans qui le monde ne saurait exister.

PAPA MERCI MILLE FOIS

Ingrat pour moi serait de ne pas écrire sur mon papa
L'architecte de mon bien-être, le guide de mes premiers pas
L'homme sans qui je ne serai un bon être tel mes semblables
Inutile de se faire d'idole hormis mon papa mon honorable

Conditionné et appelé à assumer pleinement son rôle de père
La nuit sans fermer les yeux, les pensées lui nuisent la chair
Émaillé et fleuri par le désir de rendre ses enfants fiers
Papa se bat matin et soir pour assurer la dépense journalière

Entre fatigue et souffrance, il s'impose, assume et porte la charge
Loin ou près que soit le chemin, il s'aventure dans des voyages
"Ndeysann" même avec son petit budget il satisfait mes besoins
Et se remet à labourer pour encore mes demandes de demain

Plombier ou maçon nos papas méritent beaucoup d'affection
Éleveur ou salarié, nous sommes tout pour eux de toute façon
Notre soupire, fou rire, joie de vivre sont leur unique crédo
OH ! Papa est un "jambar" toute une famille vit sur son dos

Y a-t-il un mot plus fort qu'excellence pour dire à papa merci
De n'avoir jamais ménagé aucun effort pour rendre béate la famille
Baba regarde le beau sourire de tes fils et filles

Qui à chaque seconde te redisent encore une fois merci

DULCINÉE

Une femme qui, dans son cœur je serai le capitaine
Et mouillera mes sentiments dans l'eau de la fontaine
Celle qui en matière d'aimer et de chérir est certaine
Je suis bien à la recherche de cette dame souveraine

Comme tout nombre positif étant un entier naturel
Comme la pluie qui tombe toujours du ciel
Je rêve rencontrer la femme qui me sera fidèle
Vivre auprès de moi pour toujours un amour éternel

Une fille authentique et originale malgré mes défauts
Me manipule, me brise les membres comme il le faut
Celle quant les étoiles sont témoins du ciel nocturne
Me fera tourner la tête entre terre et ciel sur la lune

Une femme qui quand tout brille, la nuit fait rose
Accélère la cadence et ne marque pas une pause
Rugit comme une lionne et augmente la dose
Une princesse qui tout à fait maîtrise les choses

BONNE NUIT

Il fait beau temps et propice car ça sonne minuit
Regarde la nuit est tellement douce et la lune luit
Je vais m'endormir je te souhaite une bonne nuit
Prends ce bouquet de fleur que notre amour a produit

J'aurais voulu te caresser d'abord mille et mille fois
J'aurais voulu te dire de prendre soin de toi pour moi
J'aurais voulu t'épauler et t'embrasser sur tes joues
J'aurais voulu te châtier partout et surtout par le cou

Fais de beaux rêves mon amour en pensant à moi sans détours
Tu sentiras ma présence comme tous ses jours
Tu verras que ce qui nous a liés est plus solide que l'amour
Aujourd'hui la nuit te portera conseil comme toujours

La chaleur de mon corps allumera du feu sur ton lit
A chaque fois que tu penses à moi ma prunelle, ma vie
Tu me verras accélérer la cadence et faire bien les choses
Allez ! Dors bien mi amoré, fais de beaux rêves ma rose

UN MONDE NOUVEAU

Un monde où la mort n'osera guère poser ses pieds
Où on trouve l'ombre des nuages dans un ciel ensoleillé
Là où on vit pleinement sans remords et pour l'éternité
Un monde somptueux où mes rêves vont enfin exister

Je rêve un nouveau monde dans l'espoir de vivre la paix
Malgré ma sombre couleur de peau que je sois accepté
Un monde où je verrai l'air de rafales de l'espoir souffler
Un univers où je marche avec la chance à pas rythmés

Une planète où chacun aura proprement sa part de liberté
Voyager et revenir librement sans que tu ne sois audité
Un monde où le méchant est puni et l'innocence récompensé
Vivre sa vie sans tricher ni faire une copiée-collée

Je rêve d'un monde où la haine sera condensée, kidnappée
Un monde où l'amour deviendra la chose la mieux partagée
Un monde où le Nord et le Sud seront tissés et métissés
Et faire du rêve d'une Afrique unie une réjouissante réalité

ENFANCE

Parfois on a juste envie de s'arrêter et de marquer un pas
Faire demi tour pour un retour en arrière oui revivre le vieux beau temps
Recommencer tout à zéro et devenir à nouveau un petit enfant
Juste vivre sans soucis ni peur de la pluie et du vent
Parfois on a envie de devenir un enfant
Et se voir bercer dans les doux bras de maman.
Vivre libre sans avoir besoin d'aucun centime d'argent
Car être enfant c'est vivre ses émotions sans limite ni fin
Passer toute la nuit à rêver et se réveiller avec force le matin
Être enfant c'est avoir l'esprit sur tout et à tout sans penser à demain
Car pour un enfant, grandir est un site qu'on consulte avec un lien
Parfois on a envie de retoucher les faits dans le passé
Les mauvaises choses vite-fait les effacer
Les cicatrices, pour de bon les nettoyer
Les souvenirs amers les supprimer sans hésiter
Pour ce qui nous hante la tête s'en débarrasser
Rectifier les actes qu'on a regrettés
Parfois on a juste envie de devenir enfant et pleurer souvent sans avoir mal
Crier fort et perturber comme un élève nullard dans une salle
Et parfois en cachette jouer avec le feu, oui avec des armes fatales
Accepter sans crainte quand on dit que le soleil se lève uniquement qu'au Sénégal
Parfois on a envie de devenir enfant pour avoir à nouveau un cœur propre et pure
Vivre sans connaître le difficile et les choses dures

JEUNESSE INCONSCIENTE

Savoir très tôt l'alcool et la cigarette sont le pire des malheurs
Qui a pu atteindre les cerveaux de ces jeunes chômeurs.
Ici les jeunes sont riches dans leur extrême pauvreté
Et trouvent toujours du pognon pour acheter de quoi fumer.
Certains diront que tout ce dont je parle, je ne fais qu'augmenter la dose
Mais laissez-moi finir d'abord car tout ce que je dirai c'est par connaissance de cause.
D'après ce que j'ai vu, tout ce que j'ai compris, c'est que les jeunes ont des problèmes pour opérer des choix pour le bien de leur vie.
C'est inadmissible d'abandonner l'école et de s'adonner à l'alcool, l'agression, le viol et le vol.
Ici les jeunes sont des fous malades, ils passent tout leur temps dans les rues à danser et chanter, à faire des accolades d'ailleurs ils sont tous de miteux camarades.
Ici les jeunes ne rêvent pas de grandir car ils croient que la vie se limite tout simplement à côtoyer des filles et derrière elles à marcher ou courir.
Naturellement les jeunes jouent avec le feu et mélangent les pédales à chaque fois que tu les interroges sur leur projet ils te répondent ceci << baye mayniou diam, fii dra doxatoul on est au Sénégal>>
Dites-moi combien de bouteilles ont pris chez les jeunes des vies ?
A chaque matin on constate le taux élevé d'alcoolémie Dites-moi combien de mégots ont ravagé les chairs ?
Des jeunes qui, n'ayant plus d'estomac, ont fini au cimetière.

SLAM / POÉSIE

On dit souvent que je perds mon temps en lisant car le monde avance et que moi je refuse d'aller en avant.

On dit souvent que les livres que je lis, sont des obstacles pour les objectifs que je vise car la vie à sa propre devise et qu'ici mes propos ne seront pas bien émis, oui souvent c'est ce qu'on me dit

Ici quand je dis ce que je pense on dit que je dérange et que la poésie et le slam poussent des enfants innocents à prendre des armes tandis que le monde veut vivre en paix comme un homme auprès de sa femme

Ici on condamne mes écrits, on s'en fout de ce que je dis et on n'accorde pas d'importance à la poésie.

Et moi je me demande comment les gens vivent s'ils n'aiment pas les tonnes de mots et mots que les poètes émettent en haut pour soigner leurs soucis et maux afin que leurs problèmes finissent dans les tombeaux.

Apparemment, ils ignorent qu'on respire au rythme de la poésie et que les mots sont des sources de vie et qu'on utilise très souvent pour se débarrasser de l'ennui qui nous manipule en pleine nuit.

DIS-MOI

Dis-moi le prix à payer, le travail à effectuer pour te mériter, dis-le-moi
Dis-moi pourquoi la terre tourne autour du soleil et toi, tu tournes autour de moi telle une sentinelle, dis-le-moi
Dis-moi et demande-moi tout ce que tu veux et je te promets de faire tout et te donner tout ce je peux
Ecoute prends un crayon et un bout de papier dessine et écris tout ce que tu souhaiterais, dès que tu finis je traverserai le monde à pied pour te donner ce que tu mériterais
J'aimerais vraiment vivre comme les grands, être dans les rangs et marcher en avant
Regarde mes yeux, tu vois que je me suis pris à ton jeu et là tout ce que je veux c'est une vie à nous deux
Tu ne vois pas que ces mots sortent du plus profond de mon âme rien que pour te dire je t'aime.
S'il ne me reste qu'à pleurer j'avoue que je verserai des larmes et des larmes comme un enfant crevé, assoiffé et qui ressent la pire des douleurs profondément et formellement.
Sache que je suis né pour t'aimer peu importe le prix car pour toi l'amour que je ressens est issu de mon pauvre cœur meurtri depuis des années et des années par ces sentiments que je ne t'ai jamais dits
J'ai beau temps essayer de garder le secret de t'avoir aimé et si tu savais là où je me suis retrouvé crois-moi mon cœur tu as kidnappé, et mon corps tu as enchaîné pour ne voir que toi même si mes yeux sont fermés.
Là je n'arrive plus à faire la différence entre le jour et la nuit, le matin et le soir

Je passe tout mon temps à crier sur les micros-trottoirs comme un politicien qu'on a du mal à croire.

S'il te plaît la vérité en face tu dois la voir, je vis dans le noir
Il n'y a pas de lumière ni de miroir, et je ne peux plus m'assoir
Dis-moi pourquoi tu ne veux pas me croire
Tu penses que tout ce que je dis est faux
Et je joue avec mes mots avec ce lourd fardeau sur mon dos.
Prends-moi dans tes bras, prends-moi même juste une seule fois,
S'il te plaît prends-moi à chaque fois que je me larmoie, prends-moi à chaque instant que le malheur tente de me dicter sa loi.

FOUTA J'ARRIVE

Il fut un jour, je t'ai fait un clin d'œil en guise de "j'allais revenir"
Mes larmes coulaient en rivière car je ne voulais nullement partir
Et tu me murmuras mon fils va, à ton retour je serai là pour t'accueillir
Je ne sais pas si tu t'en souviens, consulte ton annale de souvenirs
Après une longue absence, mon Fouta me voilà enfin de retour
J'espère qu'ici on partage toujours le manioc et l'igname du jour
Hâte de te découvrir à nouveau ma terre le sentiment est lourd
Je serai heureux de revoir tous mes amis car ce fut un ermite
Et ma mère, se réveille-t-elle toujours tôt pour bouillir la marmite ?
Y a-t-il toujours ces vagues de migrants du village aux champs
Et vice-versa sans limite ?
Fouta bientôt j'arriverai car je m'approche de toi avec tendresse
Je vois le sourire de mon frère que je me fie avec toute caresse
"Ayo Kodam arti "dira ma mère avant qu'elle ne m'embrasse avec allégresse
Attends je dis au chauffeur de rouler plus vite oui qu'il s'empresse.

SUR LA LUNE

Mon cœur à la forme de cette magnifique carte d'Afrique
Que tu ne cesses de menacer comme le réchauffement climatique
La lueur vivante de tes yeux de mille feux quasi précieux tel de l'or
Me fait voyager dans l'univers de ton cœur jusqu'à l'île des Comores

Et comme un chef d'orchestre qui place ses pièces musicales
Au rythme de tes cadences je danse le mbalax du Sénégal
Tu as mis le monde d'accord, que l'or vaut mieux que l'ivoire
En goûtant tes lèvres sucrées je savoure le cacao de Côte d'ivoire

Je marcherai pieds nus dans tout le désert de la Mauritanie
Pour te cueillir la fleur d'amour qui dans mon cœur fleurit
Pour savoir pourquoi je t'ai aimée il faut qu'on remonte jusqu'au passé
Car notre histoire reste à méditer sur les archives de la Guinée

Mon cœur parle Pulaar, Soniké, Wolof et le Bambara du Mali
Même si je suis un sourd-muet je comprends quand tu me souris
Tu arrives à tout gérer je te surnomme ma lionne et je suis ton dragon
Ne te panique pas je serai ton ange gardien contre les Vagabonds

BONNE CHANCE AU BFEM

Je n'écris pas pour te rendre un vibrant hommage
Mais pour te motiver à ouvrir une nouvelle page
Limoge tes soucis et prends ton stress en otage
L'heure est de dire grandement adieu au collège

Valide le BFEM comme t'en as fait avec le CFEE
Dis-toi que tu peux être diplômé de tous les deux
Fais ton devoir et aies pleinement confiance à Dieu
Pour toi, matin comme soir on formulera des vœux

Tout le monde sait que tu as bien les capacités
Pour réussir d'une belle manière en toute sérénité
On compte sur toi, rends-nous maintenant la monnaie
Change d'ère, deviens maintenant un bleu du lycée

Réussir au BFEM, oui c'est une mission possible
Fais-nous plaisir, sortir d'office ou admissible
Que ces tonnes de prières te soient sensibles
Que la chance te compte parmi ses bonnes cibles.

BONNE CHANCE AU BAC

Se munir d'un bon moral et un kilo de confiance au cœur
Savoir que c'est le jour tant attendu pour essuyer sa sueur
Dans un esprit tranquille, appliquer les récits du professeur
Devenir maintenant un étudiant, bien fais sonner ton heure

Réussir au bac oui n'hésite pas, dis-toi que tu peux le faire
Aies confiance en toi, crois à ton cœur, fais comme tes frères
Bats-toi et saisis ta chance, rends encore tes parents fiers
Allez ! Vas-y ! Décroche-nous ce premier diplôme universitaire

Sache que ce combat n'est pas uniquement à toi seul
Mais à nous tous amis, frères, compagnons à tour de rôle
Prends ce bouquet de texte en guise de cortège en prières
Walahi tu as un bon appui de tous ceux qui te sont chers

Sache que tu as mille et une fois notre immense soutien
Ta réussite au bac est notre plus noble demande au devin
Reçois nos vœux les plus distingués pour valider l'examen
Allez ! Que la chance colore ton sourire du jour au lendemain.

BAABA BAÎDY MAAL

Baromètre de la musique sénégalaise et africaine
Artiste renommé et fier de ce qui coule dans ses veines
Ambassadeur de nos cultures et valeurs souveraines
Brillant chanteur qui fait vibrer nos cœurs sur scène
Actif dans le Yella dont sa belle voix est nommée reine

Bibliothèque de l'art Halpular et des faits symboliques
ADN de la mélodie avec un ton sublime et magnifique
Îcone et gigantesque figure emblématique de la musique
Dandé Léniol des Peulhs et de tous les peuples d'Afrique
Yes we can, nous t'aimons fort Baba le charismatique

Meilleur de sa génération, Baaba Maal de tous les temps
Alliant détermination et courage à être dans les rangs
Abnégation, engagement font de baba un artiste géant
Leader incontesté des chanteurs Sénégalais et du continent.

BATEAU LE DIOLA

2002 à nos jours on compte toujours les années
Et on dit que c'est le début du dénombrement
A chaque matin nos cœurs continuent de chavirer
Comme si c'était aujourd'hui le bouleversement

Une pire tragédie d'une ampleur d'un Titanic
Le Diola fut un théâtre d'un bateau mythique
Le 26 septembre 2002 fut une série opaque
Nos âmes en ruines et nos cœurs en choc

Faut-il vivre pour encore et encore s'en souvenir ?
Écrire sans rien dire, peut-être que pour retenir
Cette catastrophe que nul ne pouvait anéantir
Qui a fait fondre nos larmes jusqu'à même tarir

J'écris pour chanter ma tristesse du bateau Diola
Immortaliser les braves femmes et fils de la Casa
J'écris pour ne plus ressentir cette pire douleur
Pour oublier le naufrage et de multiples malheurs

REPOSE EN PAIX SMD (Souleymane Diallo)

Ma pensée s'est faufilée dans mon corps et a plané sur mon visage
Mes gouttes de larmes en vagues voguent dans les nuages
Mes cris font mille échos et retentissent partout dans le village
Si pleurer ne résout aucun besoin alors c'est bien dommage

Sais-tu que ton absence fait mal et nous mord à part la chaire
Certes à Nguidjilone, ton tertre est visible dans le cimetière
Mais pour nous tu es seulement caché, car tu es immortel
On s'est éloigné sans l'avoir voulu t'as rejoint les anges au ciel

Entends-tu ces jeunes qui crient et hurlent au clair de lune
Sous l'espoir perdu, qui n'ont plus de foi et des cœurs en ruines
Nos jours au lycée nous rendent nostalgiques des périodes anciennes
Sous le vent et la pluie ensemble on a surmonté à mille peines

Ton absence nous brise le cœur et assombrit nos esprits
Dis-nous que tu te rappelles de tout ce qu'on s'était promis
Dieu m'est témoin qu'on est déjà jaloux des anges sur terre
De nous avoir pris notre SMD qu'on aime comme un propre frère

MI YEWNIMA GUIDELAM

Pardonne-moi de cette longue absence et de tout mon défaut de présence J'aurais voulu être toujours là et entre nous qu'il n'y ait pas de distance
Mais crois-moi on s'est éloigné pour encore et encore mieux s'aimer
A force de penser à moi tu me sentiras à tes côtés comme j'y étais
Rien n'est plus beau que de me réveiller et aspirer fort le parfum de ton voile
Te regarder dans les yeux comme si je suis en face de mille étoiles
S"il te plaît ne dis rien demande moi juste d'aller au bout du monde Ferme les yeux et tu me verras traverser le ciel bleu en une seconde Si tu savais cette chaîne d'émotions dans mon cœur derrière ce coup de fil
Tu comprendras que vivre loin de toi est pour moi un grand péril
Certainement tu verras mes larmes sur chaque vers de ce poème
Allô j'espère que tu m'entends "walahi mi yewnima guidelam"
L'envie est unique juste enfin te pouvoir serrer encore dans mes bras
Te châtier partout et faire face à cette solitude qui longtemps m'abat
Dis-moi que tu es encore plus belle comme je l'aurais imaginé
Et que tu brilles tel ce soleil sur le crâne de toute l'humanité.

COEUR SUR LE CHEMIN D'UN EXIL

J'irai loin d'ici pour que tu reconnaisses l'importance de ma présence
Te piquer fort par le cœur même si je ne veux point que tu ressentes la souffrance
Je te rendrai malade pour que tu ailles à ma recherche comme ton remède
Je ferai en sorte que je sois indispensable quand t'as besoin d'une aide
J'ai compris que tout ce qu'il me fallait c'était d'être encore serein
Même si mon amour prend une hausse du matin au lendemain
Je marcherai sans craindre les épines sur le chemin de ton amour
Tu entendras battre mon cœur comme le bruit du tambour
Mes sentiments sont tapissés d'une vertu pour être l'homme de ta vie
Je serai là pour t'aimer et à t'apprendre à sourire comme une vache qui rit
J'ai fait une lecture de ma vie sur ton visage quasi fermé
Tes sentiments ne sont pas en activité et ton cœur a peur d'aimer
L'idée de partir sans prévenir me vient en tête et traverse mes veines
Cœur rincé, le silence surgit et le sourire balade dans la peine
Là mon esprit me parle d'une voix basse et les ondes font l'écho
Dans mon corps, mon pauvre cœur fait flotter le drapeau des maux.

..

CŒUR CHOISI

Il n'y a aucune journée qui passe sans pour autant que je ne pense à toi
Dans mes pensées je me sens perdu tel un croyant sans foi
Ma seule envie c'est de traverser la mer à pied pour te conquérir
Être la beauté de ton sourire, l'air que tu respires et t'aimer à mourir
Je ferai tout, de surcroît l'impossible pour te mériter
S'il le faut, réunir terre et ciel pour te dire combien je t'ai aimé
Demande-moi mon cœur et sans hésiter je te donne toute ma vie
Tu n'as pas à t'inquiéter je ne connaîtrai aucune autre fille c'est promis
Dans mon cœur j'ai construit notre amour sur la base de la patience
On m'a dit qu'en amour il n'y a pas de logique mais je te fais confiance
Mon amour ne pense surtout pas qu'un jour tu vas me perdre
Partout où que je sois nos cœurs seront en connexion tu n'as rien à craindre
Allez ! Maintenant oublie tes déceptions en amour et n'en parle plus
Même si ton cœur saigne encore et que du pire t'en as assez vécu
Mon âme est un tableau d'art tu peux y dessiner ton futur parfait
Mets-toi sur le chemin de ma respiration et surtout ose mieux rêver
Je suis là pour ton bonheur, ton bien-être, ton plaisir et pour tes désirs
Je ferai de toi ma reine, ma princesse et tu auras la force de tout tenir
On se mettra sous l'ombre des arbres et on écrira notre propre histoire

On ira sur les montagnes pour observer le coucher de l'or du soir

SERIGNE MANSOUR SY BALKHAWMI

Force est de constater qu'il est un homme crédible
Parolier religieux aux ondes authentiques et audibles
Un maître infatigable dans le vrai sens du terme
Vécu auprès de Maodo où il a vu pousser son germe

Au temple des tenants de titres des bienfaits
Dans la conduite vers la droiture sacrée
L'homme a été au même rang des honorés
Serigne Mansour aux couleurs vives et bariolées

Mansour avait la mission tel d'un inspecteur de la tarikha
Le grand pêcheur invétéré, ce surnom il porta
Le modèle du soldat de la foi à la dignité du sacerdoce
Une très belle copie de Maodo qu'il suit de tout proche

L'homme doté d'une vertu et d'une moralité légendaire
Puisées sur la feuille de route de son très cher père
Ibn Malick, pur produit de son aîné Serigne Babacar Sy
Divine providence fut l'avènement de Mansour Balkhawmi

SERIGNE BABACAR SY

Nous voilà à un 25 mars encore niou sopé Babacar
Même dans son sépulcre, le monde part à son rancart
Je crois qu'il me faut une voix à la sucrerie d'abeilles
Pour chanter l'honorable Mbaye, le maître sans pareil

Mbaye le pieux, le sacré, l'érudit, borom bonnet carré
Homme de parole, l'honnête, l'investi d'une mission vénérée
Babacar passait des nuits à souder des liens aux aigles diaphanes
Il cherchait le vrai dans le faux, Ô le fils de sacré Tivaouane

Dans le sang de Maodo à vivifier l'itinéraire Tidiane
Sans chercher à plaire à tout le monde, l'univers fut son fan
Il unifia les choses tel un cordonnier qui tisse ses sandales
L'homme a béni le Sénégal et reste notre garant contre tout mal

Hormis Maodo, Mbaye fut le premier khalife sur le fauteuil idéal
Serigne Babacar l'homme à la sacrée âme aux œuvres monumentales
Dans le jardin de la tolérance il en avait des parcelles foutrales
Dites-moi si ce n'était pas Mbaye comment serait le Sénégal ?

SERIGNE PAPE MALICK SY

Personne n'est indifférent de sa grande et forte dimension
Il a nourri le dialogue islamo-chrétien par sa détermination
Pape a su soulever des montagnes au nom de la religion
J'arrose ma plume par mon propre sang pour sa commémoration
Hélas ! Ce fut un 25 juin devant les étoiles témoins du ciel nocturne
Que Pape Malick, géniteur spirituel du mouvement moustarchidine
S'en est allé mais encore auprès de nous pour toujours exister
Oui nous aurons bien ses dires pour éternellement enchanter

D'une affection et d'un paternalisme sous l'ombre de son père
Pape combla le vide laissé par Al Amine, le khalife éphémère
Alliant l'élégance, l'éloquence, Pape le spirituel et aussi le temporel
Une copie conforme d'Al Makhtoum, un vrai don de ciel

Une expression mesurée par son langage à une voix captivante
Il marqua son empreinte par son verbe aux locations puissantes
Pape flattait nos oreilles, touchait nos cœurs et élevait nos esprits
Au-revoir Pape le fameux porte parole, le prince de la voix Soufie.

AL FOUTIYOU TALL

Le jour se suicide dans la profondeur du soleil couchant
La nuit et la lumière à la limite de l'horizon se côtoient
Et s'étalent au mémorial jour de l'érudit docte au courant
Al Foutiyou l'arbre à aubaine pour recueillir l'amour d'Allah

1864-2021 nous voilà à un autre 12 février qu'on module
Si je n'étais pas Omarien, j'aurais été un athée sans calcul
Fini de faire confiance c'est à cet homme que je miroite
Aux désirant le paradis de vouer à Oumar est la dot

Mamoyam je prends serment sur la lueur de ton front
Partout sur les murs sacrés je contemplerai ton nom
La lumière transcendante de la voie Tidiane en Afrique noire
Sans laquelle le monde périt dans l'enfer et ses couloirs

L'homme de macina, Jambar du fouta jallon et du Sénégal
Qui dans la droiture de la conduite vers Allah reste optimal
L'étoile qui éclaire le monde à chaque levée du soleil matinal
Que serais-je sans ta bénédiction Mame Al Foutiyou Tall ?

AL MAKHTOUM

Al Makhtoum a existé bien avant même sa venue
Aux seules étoiles brillantes et à la première vue
Au rang des altesses, l'homme fut sans doute élu
Corps et âme il remplit sa mission comme il a fallu

Commémoré ta disparition me fait naïvement respirer du gaz
Dans la série de l'enseignement tu as été un beau personnage
Auteur d'une vie riche et inspirée, inutile de tourner ta page
Mame Al Makhtoum prend ces vers comme un hommage

J'aurais voulu contempler tes paroles depuis belle lurette
Car ton sourire me soulage toi l'homme toujours aux lunettes
Al Makhtoum, âme bien née, âme forte, solide et ferme
Élite éminente, mentor crédible et docte à la belle norme

Tel père tel fils ne peut en aucun cas être un grand Hazard
Tu as bien marché sur les pas de ton génie père Babacar
Al Makhtoum je ne te pleure pas car tu as bien nourri le temple
Mame tu as élevé la Tidianiya à un rang beaucoup plus ample

MAME MAODO

Al Foutiyou de par son glaive et Mame Moado de par sa plume
Il est incontestable qu'il a détrôné les Blancs et renversé leur régime
L'homme apparaît comme une lueur splendide de la faveur Divine Maodo est un miroir de tous les corps, la lune dans nos poitrines

De l'expansion au rayonnement de l'islam à un niveau plus haut
L'homme surgit et alluma la lumière dans un ciel brumeux
De son manteau de khalife il excella et porta haut le flambeau
Cette étoile parmi tant d'autres s'appelle Seydi Èl hadj Malick, Maodo

Dieu lui a accordé la sublime grâce dont la fondation des Zawiya
Une lumière sur le monde et un éclat sur la voie Tidianiya
Sur les pas de Mohamed le guide spirituel de l'humanité tout entière
Maodo marcha pour répandre l'islam dans le monde et l'univers

A nos yeux il est plus qu'une idole mais une figure emblématique
Maodo amoul morom je le surnomme l'homme charismatique
Pour parler de ce khalife il me faudra une voix d'un crieur public
Il est fait de caractères rares qui lui sont propres et uniques

BAYE BARHAMA NIASS

Baye est la solution pour vivre dans le jardin où coule des ruisseaux
Il est ce sabre qui détache du mauvais au bien et du vrai au faux
Il a œuvré pour des nuits bénies au nom du Clément, Le Miséricordieux
Èl hadj Ibrahim nous a épanoui le cœur et ôté le fardeau des maux

Ces nuits de zikr où on secoue nos âmes par un séisme terrible
On crie haut et fort Allah baye jusqu'à la limite de l'impossible
Dieu est satisfait de ses œuvres et l'a élu au rang de ses cibles
Cheikh Al Islam, un homme saint et mentor éminent crédible

Nous étions entre le marteau et l'enclume, oui ni mort ni vivant
Cheikh Al Islam est venu purifier nos âmes sous l'air des croyants
La nuit répand l'obscurité et la lumière de Baye jaillit sur nous
Allah Baye Niass, Allah Allah Baye, oui crions comme des fous

Une voie vers Allah sans secousse, Baye ouvrit la piste de la Fayda
Sous la cadence de nos belles voix on symphonise le Lahiha ilaha
Les anges et les esprits descendent et se répandent sur Médina
Eskey walay ya waral lii Cheikh Al Islam, jarama Baye Barhama

JËRËJËFË SERIGNE TOUBA

Bamba n'a jamais hésité de faire face à l'homme colonial
Pour garantir et préserver la paix durable au Sénégal
De sa grandeur il repoussa toute attaque d'armes fatales
Jarajeufé khadim Rassoul, borom Touba, Bamba national

Khadim a su instaurer cette longue fibre d'amour en l'islam
Dans chaque cœur des fidèles que ce soit homme ou femme
De sa sublime et lumière divine il initia la voie du Mouridisme
Il combattit et brisa les chaînes fatales du pire colonialisme

Bamba a lutté durant toute sa vie pour servir la cause d'Allah
Père fondateur du Mouridisme et de la ville sainte de Touba
Khadim n'a jamais reculé face aux Blancs nous dit cheikh Ibra
Il traça sa voie et le monde du Mouridisme cria et hurla de joie

Bamba surmonta aux miracles et remplit pleinement sa mission
Hamas ! Qu'on le veuille ou pas, Khadim Rassoul est la solution
Jëréjëfë Serigne Touba reste l'hymne solennel de tout baye fall
L'histoire n'emprisonnera jamais tes efforts Bamba yaa Jara Magal

Crions haut et fort jusqu'à ce que nos voix retentissent en écho
Serviteur infatigable, seigneur Touba est un pur et véritable héros
Il a fait la part entre le vrai et le faux et nous a éloignés des maux
Bamba est élégant, éloquent, beau et surtout le plus haut des hauts

MOHAMED (PSL)

La lumière a pris forme et mille étoiles défilent sur le bleu ciel
Elle a jailli comme une flamme et toute belle fut-elle
Une nuit symbolique d'une importance énorme, totale et capitale
Sous un arc-en-ciel de couleur on célèbre la naissance du phénoménal

Qu'a-t-on de meilleurs que la nuit du prophète le plus vénéré ?
Celui grâce à qui le monde et la planète entière ont bien existé
De sa lumière splendide la terre et l'univers sont bien éclairés
L'homme à la bonne foi et que le monde ne cesse d'enchanter

Heureuse bénédiction de psalmodier ses multiples merveilles
Le prophète PSL le bien aimé de tous et le sans nul autre pareil
Son murmure suffit pour réveiller la nuit de son plein sommeil
L'élu de Dieu nous sommes bons qu'à l''aimer d'un amour inconditionnel

Il nous a rendus plus forts même dans nos moments de faiblesse Un miroir et modèle d'homme de Dieu dans la dignité et la noblesse
On est inspiré par la magnificence de son bon caractère rayonnant
Il a un cœur en or cousu de diamant attirant encore tel de l'aimant
Le prophète est presque parfait il marche au charme d'un homme saint
Il est doux, élégant, beau surtout charmant et Dieu m'en est témoin
Ô Mohamed l'homme exceptionnel, la lampe éclairant notre chemin
On respire son parfum qui éloigne du chagrin à chaque matin

THIERNO SAMASSA

Un philosophe atemporel enseignant des vertus sensorielles
Une flamme d'étincelles illuminant la terre et les étoiles au ciel
Samassa fait briller la lumière dans nos âmes tel l'éclat du soleil
Un guide spirituel égal à lui même, très discret, noble et fidèle

Matam et Fouta en général reconnaissent tes mille dimensions
On te confie nos cœurs contre tout châtiment lors de la rétribution
Nous t'adorons d'un amour qui vogue à toute vitesse et sans condition
On sait qu'entre toi et le prophète il n'y a aucune audience ni autorisation

Samassa en vérité chacun de tes tafsir ou serment est une parole décisive Tu dépoussières nos âmes et blanchis nos cœurs comme une lessive
Tu es cette étoile positive qui s'active d'une façon définitive
Et qui à chaque appel à la "ziarra" la réponse est beaucoup plus massive

Samassa a un don du ciel pour bien exécuter l'ordre divin
Je ne parle pas de son ampleur car ça s'élève à chaque matin
Heureux sera celui qui veut bien suivre avec lui le chemin
Homme pieux dans le rappel de la puissance d'Allah aux humains

BASSIROU FAYE

Ma bouche se ferme mais ma langue refuse de se taire
On m'a dit que la vie et la mort vont sans doute de pair Mais
qu'en est-il si cette dernière ne prend que des êtres chers ?
Pourquoi cherche-t-elle toujours à faire mal et à déplaire ?

Il fut un jour où l'étudiant courait sans destination dans l'UGB Il fut
un jour où Bassirou se fit naïvement éliminer sans pitié Il fut un jour
où on ignorait si vraiment on vivait ou juste on existait
Il fut un jour qu'on s'est fait arracher notre frère par ce salaud policier

Bassirou on s'est séparé sans l'imaginer ni s'y attendre
Ton sort est triste, terrible, choquant et difficile à comprendre
Que la justice soit faite car ton pauvre cœur est à rendre
Tant qu'on est encore en vie pour toi frère on va se plaindre

Penser toujours à toi est une loi qu'on respecte d'abord
Des années déjà que tu nous as quittés et pourtant tu existes encore
Celà juste démontre clairement que cet ingrat et sale policier a tort
Je sais que dans les bords du paradis tu arriveras à bon port

SOLITUDE

Mon cœur en cortège de cauchemar
Sur la lune cueillit les étoiles
Vêtu de chagrin, du mal se voile
L'amour cruel en marche dare-dare

Coup dur, brûlure partout je ressentis
Rage, vous ne me faites que du mal
Joie, vous me procurez du bien
Mon cœur taché au noir comme l'hostie

Le regard frayeur de la cruauté du vide
Berce au plaisir désagréable mes pensées
A la profondeur de sombres regrets

Comme un corps accoutumé au désert
Seule mon âme erre encore dans un nouvel air
Elle se baigne dans les ruisseaux limpides

REPOSE EN PAIX BÉBÉ SALY

Bébé sais-tu que nous tes amis ont du mal à croire
Penser à toi nous fait submerger dans un monde sombre et noir
On aurait souhaité chaque matin à notre réveil te voir
Je te jure qu'on est jaloux de la nuit, du jour, du matin et du soir

Bébé sache que nous tes camarades t'aimons encore fort
Ton absence nous a fait maigrir et c'est visible sur nos corps
Si vraiment la mort n'arrête pas l'amour alors elle a tort
Tort de nous avoir privés de notre diamant, bébé qu'on adore encore

Bébé, je t'assure que tous les élèves sont toujours inconsolables
Pour nous tu n'es pas partie, tu es là, ô c'est triste et incroyable
Les souvenirs nous reviennent en tête, à l'école le partage de la table
Sister dors bien et tu resteras aimable pour nous et adorable

Nous sommes tous encore en larmes et bouche bée
Car la perte est lourde et à vrai dire on ne s'y attendait
Là ma poésie est en berne et mon Slam endeuillé
Bébé va ! Vas-y, dans nos cœurs tu vas y toujours exister

Ma sœur on a perdu nos dents et le goût de la vie
Matin comme soir, on s'auto-interroge "pourquoi bébé Saly"
Ma chère écoute "bilahi" pour nous t'étais plus qu'une amie
Vas-y que ton âme goûte à la belle pomme du paradis

SÉRÈRE ET HALPULAR

Entre Sérère et Halpulaar l'histoire remonte bien au passé
Deux ethnies aux cœurs solides et aux âmes bien nées
Dans le vivre ensemble, elles ont l'esprit de surpasser
De tout ce qui se détermine à mettre du feu dans leur palais

Deux ethnies malgré leur différence s'aiment mutuellement
Nourrissent bien leur relation aux normes de l'amusement
Cheminant ensemble avec respect et sans dépassement
De tout temps l'une et l'autre plaisantent en fou rire librement

Sérère et Halpulaar, une très bonne graine de la téranga Sénégal
Comme au parlement de rire, ils sourient et ils se régalent
Un sérère qui côtoie un halpular tôt le matin dit alhamdoulilah
Un halpular qui aperçoit un sérère murmurant soubahana Allah

Comme toujours, au royaume de la vie les Halpular sont des rois
Ndeysan les Sérères en pauvres esclaves suivent naïvement la loi
La différence est que le Sérère c'est comme la marque Camon
Alors que le Halpular est authentique et original tel un iphone

Sérère et Halpular deux frères unis et surtout infatigables
Ils ont signé un pacte honorable et à la fois adorable
Au nom de la tolérance ils entretiennent bien leur union
Si nulle relation n'est parfaite cette amitié en est une exception

FEMME

Vous êtes nos mamans, nos femmes, nos sœurs et nos filles
Vous êtes le plus beau cadeau qui nous est tombé du bleu ciel
Vous êtes notre amour, nos cœurs et l'air pur qu'on respire
Vous êtes notre source de vie et tout le bien qu'on se procure

Femme pour ta dignité je t'offre ces vers émouvants
Femme pour ton courage je te chante au premier rang
Femme pour ton innocence je serai là tel ton avocat
Femme pour l'amour que tu mérites je t'appelle mon "Aldiana"

A la place de l'honneur mon père éleva ma maman qui m'allaita
Aux élections des belles mon frère choisit celle qu'il épousa
Aux yeux de tout le monde se loue mon alter égo ma "sista"
Au royaume des princesses s'indigne ma fille que l'univers adora

Avec vous on rit beaucoup et on admire sans savoir pourquoi
Le don à son génie, femme vous faites des hommes des rois
Hommes que nous sommes nous vous devons tout ce que l'on a
Aimer et soutenir la femme, qu’est-ce que l’on attend toi et moi ?

ELLE

Comme en séduction dotée de compétences
Elle m'a captivé et grâce à son exubérance
Ses douces paroles en toute abondance
Font d'elle une bonne parleuse pleine de suffisance

Elle m'a converti en un modèle inégalé
A travers mes défauts, elle voit des qualités
Évidemment mon cœur, elle l'a déjà gagné
Et de son amour je ne veux plus me séparer

Hélas ! Face à elle, tout échappe à ma maîtrise
Dans une abstraction je me demande qui suis-je
A présent je tremble de peur et j'ai des crises
A lui mon cœur et plus jamais personne n'abuse

Auprès d'elle, je suis carrément loin des hypothèses
Mes sentiments se résument et elle en fait la synthèse
Ah oui l'existence de l'amour j'en ai une certitude
Adieu les mensonges, les trahisons et la solitude

MA BIEN AIMÉE

Dans mon cœur tu es la seule et unique
Tu m'as comblé d'un bonheur paradisiaque
Tu as couronné mon âme et tu y resteras symbolique
Ma belle ! Que je le dise ou pas mais tu es magnifique

Sans te faire couler une goutte de larme
Alors je ferai de toi une grande dame
Toi mon amour, femme à l'idéal charme
S'il le faut même je t'octroie mon âme

Écoute ! Au bord du lac j'ai essayé de te décrire
Malheureusement nul mot n'a pu me suffire
To qui restes héroïne et garde toujours le sourire
Joie et malheur et même dans le meilleur et le pire

Avec toi l'amour est réel et coûte très cher
Sans toi ma vie est dépourvue d'ordinaire
Lumière rayonnante du monde et de mon univers
Ma perle rare, mon cœur, ma joie de vivre sur terre

JE L'AI APERÇU

Je l'ai aperçue dans le noir
Et il m'était difficile de croire
A mon cœur qui m'alertait sans cesse
Que c'était bien cette déesse

Elle est une fille bien née
De toute beauté elle rayonnait
Je ne pouvais qu'être affecté
Par son regard qui m'emballait

A gauche son amour me fallait
Comme si nous étions en Été
A droite mon cœur accablé
Et tout disait qu'elle m'aimait

Elle disparaissait en une fraction de seconde
Et me laissa dans une obscurité profonde
Puis je me suis senti plus qu'enchaîné
Et dans ma tête j'étais plus que troublé

Moi je songeais à ce qu'elle devienne
Mon amour, mon amante, la mienne
Celle qui me fera voler sans mes ailes
Et qui m'aidera à toucher le bleu du ciel

PRINCESSE CHARMANTE

Lorsque les étoiles se fanent avant que le roi soleil ne sorte de sa berceuse
La lune s'autoproclame la reine du ciel et étale sa peau lumineuse
Mais toi tu n'as pas attendu que le jour sorte de son fameux nid
Pour condamner mon cœur, éclairer mon corps et être l'amour de ma vie

Sache que chaque je t'aime venant de toi « ***day féxal sama xol*** »
On m'a dit que notre amour n'est pas ordinaire alors je suis fou ou Tu es folle
Je réponds tout simplement que tu me fais voyager entre les deux pôles
Tu as tissé mon être à ma vie et là mon cœur est sous contrôle
Pour toi j'irai arracher le soleil et suspendre la terre entière à ma main
Déjà présent demande-moi tout ce que tu veux, n'attends pas demain
Attends j'observe une minute de silence pour te dire je t'aime au quotidien
Ne cherche pas à savoir pourquoi car mon amour est parti d'un rien

L'émotion incommensurable me domine et ma vie se destine à la tienne
Laisse-moi porter sur mes bras le ciel et gargariser la mer Indienne
Dans ton cœur il faut que je m'y rende à l'évidence car mon affection est certaine
Mon cœur se lamente et se dit vouloir faire de toi sa princesse, sa reine

COMBATTONS LE CANCER DU SEIN

Quand la femme souffre c'est l'univers et la terre qui sont menacés
Parce que c'est l'être sans lequel le monde n'aurait dû jamais exister
Alors mes frères, formons un bloc unique car le cancer est à lutter
Plaçons des barrières ensemble empêchons la maladie d'avancer

Imaginez l'ampleur de la souffrance extrême des femmes en cancer La
douleur leur mord la peau, manipule leurs organes et brûle leur chair
Stopper la maladie oui nous pouvons bel et bien le faire
Ayons pitié de ces femmes car c'est ma sœur, ton épouse, sa mère

Nous avons tous des désirs, vivre heureux, grossir ou encore maigrir
Mais celui qui est atteint du cancer n'a qu'envie de retrouver le sourire
Sachons que le cancer tue, il est plus qu'un monstrueux vampire
Ce combat nous concerne tous et je n'ai nulle envie ni besoin de le redire

Quand les cellules migrent par les vaisseaux pour former une tumeur
Ô seigneur, la femme, l'innocente mérite-t-elle à ce point ce malheur ?
Pire maladie qui ronge le corps et fait saigner encore le cœur
La lutte sans relâche contre le cancer, il est plus temps, il est l'heure

Toute maladie renseigne que vivre en bonne santé est une
merveille
Le cancer lui, rend l'existence cruelle et la vie encore moins belle
J'espère que je ne parle pas dans le vide et que vous m'écoutez par
vos oreilles
Je soutiens la cause et je crois que mettre fin au cancer c'est
l'essentiel

MON SÉJOUR À LA BIBLIOTHÈQUE

Marre de vivre dans l'empire du message où l'histoire se confond à l'épopée
Désormais je décide de faire appel à Camus pour partir à *l'étranger*
Même si c'est dans *sous l'orage,* je dois continuer mon *aventure ambiguë*
Sur le *chemin d'Europe* j'aurais chaud comme *le soleil des indépendances*
Dans *les fleurs du mal* pour *le pleurer-rire* du *dernier jour d'un condamné*

Je suis obligé de choisir le *rouge et le noir* en vue de séduire
Nini mulatresse du Sénégal
Mais ne serait-il pas nécessaire d'écrire *une si longue lettre* pour avouer mes sentiments *à Madame Bovary*, ou s'il le faut même à *maimouna* d'abdoulaye Sadji ? Car Alfred de Musset disait *qu'on ne badine pas avec l'amour,* sinon on risquerait fort de courir aux *châtiments* ou bien *quand on refuse on dit non* et *sans gêne pour toujours* même sous l'éloge de *Djéli Mamadou Kouyaté*

Dans une œuvre éponyme de Voltaire, je raconterai que l'histoire *d'une vie de boy* grâce au *dictionnaire philosophique* comme un *coup de Pilon* de l'écriture. Ô j'ai des larmes aux yeux quand je lis *Germinal* et heureusement Mour Seye me console avec son œuvre *marginal*. Oui en Afrique voir *un vieux Nègre et la médaille* est une préférence nationale

Écoutez ! J'entends au sein de *La République* des scandales et sans calcul je me couvre du *pagne noir*. Sûr que même dans *le ventre de l'Atlantique* je ne serai que *l'enfant noir,* méprisé, longtemps dans *les bouts de bois de Dieu*, et aujourd'hui ignorant où je vais, donc *demain dès l'aube* avant même *le vote des bêtes sauvages* telles *les rafales de l'espoir* sur le logeant de *la chambre7* je traverserai le monde à pied pour écrire *Cahier d'un retour au pays natal.*

SECONDE CHANCE

Je ne dirai rien de nouveau que je n'ai déjà jamais dit
Ni encore te promettre ce que je ne t'ai jamais promis
D'un temps à un autre et à l'intervalle beaucoup a changé
Écoute-moi s'il te plaît j'ai maintes choses à t'expliquer

Deux cœurs qui s'aiment ne seront jamais prêts à se quitter
Malgré tout, après notre rupture j'ai appris à mieux t'aimer
Si l'on quitte son partenaire pour ensuite souffrir et regretter
Me voici triste, méritant d'être kidnappé ou encore pardonné

Un amour sans faille n'existe pas, donne-moi une seconde chance
Ne vois-tu pas que je souffre et que je maigris à ton absence ?
S'il ne reste que d'unir la terre et le ciel pour reconquérir ton cœur
Je n'hésiterai pas à le faire quelque soit le prix, ma dame bonheur

L'histoire a été amère mais la page on doit maintenant la tourner
Fais d'os et de chair j'admets que je suis né pour t'aimer
Oublie tout et revivons l'amour comme il se doit, en douce sensation
Désormais rien ne pourra impacter négativement notre relation

LES HALPULAAR

Au cœur de l'Afrique s'installe une ethnie
Dans une zone où la terre est sacrée et bénie
Une ethnie gratifiée de bien et de grâce
Oui évidemment je vous parle de ma race

Elle se glorifie toujours de ce qu'elle est
Très civilisée et elle garde bien sa dignité
Une ethnie d'une histoire très riche et rare
Oui je veux nommer les chers Halpular

Être Halpular c'est avoir la chance d'être distingué
Par des valeurs, des qualités et de la générosité
Un Halpular prône toujours le Tédoungual
Et il fait appel au diam et slam, oui au dental

Il grandit avec le désir de soutenir néné et baba
Ceux sans qui aujourd'hui nous ne serons pas là
Être Halpular c'est se soumettre à l'unique Allah
Et porter au fond de son cœur son très cher fouta

Il ne ment pas car pour lui la vérité n'a pas de prix
Il sourit toujours pour encore donner goût à la vie
Visage clair au sang pur et noble de nos ancêtres
Être halpulaar c'est bien vivre le paradis sur terre

LA CLANDESTINE

Oumar :
A présent la vie me dégoûte, je crains l'avenir
A qui souffre comme moi, l'heure est de partir
Hélas ! Vaincre la Méditerranée ou périr
A tout prix rejoindre l'Europe ou mourir

Djiby :
Frère, je vivrai ma mort s'il me faudrait partir
Car réussir en Afrique mon cœur aspire
Faire de la Méditerranée ce vaste cimetière
N'y pense même pas je te veux encore frère

Oumar :
Jeune crack et diplômé, finir sans emploi
Personnellement j'en ai marre de ce désarroi
Dans mon cœur le souci règne en roi
Frère ! Prendre la pirogue à l'Europe je la dois
Djiby :
N'expose pas ta vie à un arrêt illégitime
Tenter la Méditerranée est plus qu'un crime
Mais pourquoi vouloir partir à tel prix
Pitié de toi qui pense de l'Europe sur terre, un paradis

Oumar :
Pour vivre heureux il faut se créer une possibilité Et
moi je décide bien la mer même si c'est risqué Écoute !
"Barça" ou "Barsacq" reste mon unique slogan
Réussir par le biais de la mer ou mourir là-dedans Djiby
Voilà tout le sens du proverbe "qui aime bien châtie"
Se payer le bonheur tu oses risquer ta vie
Frère arrête car je ne partage pas cet avis
Là tu mets en danger ton cœur et ton esprit

Oumar :
En plus de ma bouche il y a une famille à nourrir
Dis-moi, veux-tu que je reste là à la voir souffrir
D'ailleurs même la maison est encore à embellir
Désolé mon frère mais je suis obligé de partir

Djiby :
As-tu bien réfléchi sur l'ampleur des dégâts
Que tu risques de commettre après ton trépas
Où vas-tu laisser ta chère et adorable maman
Que tu dis vouloir aimer et mettre en avant

LA JEUNESSE

Tu fais exiler ton esprit en permanence
Voulant désormais abandonner l'école
Fréquentant la fameuse bouteille d'alcool
Alors que la vie procure des chances

En plein éclat du soleil de ton enfance
Tu signes plus qu'un sale protocole
Avec l'agression, le vol et encore le viol
Pourquoi vouloir vivre dans la délinquance ?

A quoi bon ce malheur d'envie de fumer ?
Ruiner sa vie pour se faire soigner
A quand des jeunes bien conscients ?

Le monde souffre d'un défaut de sérieux
Le désir prime sur l'homme et son milieu
A quand des jeunes aux esprits utiles et pensant ?

AYO MON BÉBÉ

Prends-moi par la main car loin d'ici il faudra qu'on y aille
L'amour nous a donné le pouvoir de voler par nos propres ailes
Bébé laisse-moi dissiper cette brume qui voile ton soleil
Laisse-moi me mettre au dessus de la lune qui berce ton sommeil
Sache que hier mes sentiments se sont évadés de mon cœur
Rien que pour se faufiler sur mon pauvre et naïf visage par erreur
J'ai oublié de te dire que je suis prêt à affronter mes peurs
Fais d'os et de chair j'ai appris à sourire même dans la douleur
Avec toi je suis encore plus fort dans mes moments de faiblesse
Je tracerais des figures sur ton corps si j'étais Pythagore ou Thalès
Leader de mon cœur oui dans ma vie tu es la chef d'orchestre
Bébé, il n'y a pas deux comme toi et tu es difficile à paraître

ELLE EST BELLE

Ses yeux m'émerveillent
Elle est tout à fait belle
Je suis encore fou d'elle
Fille à la forme chandelle

Ô qu'elle m'appelle sa vie !
Qu'est-ce qu'elle est si jolie ?
Tout brille quand elle sourit
De son amour j'ai bien envie

Elle est une bonne perle rare
Claire comme l'or du soir
Son corps est mon miroir
Sublime beauté "machala car"

Je la qualifie hyper magnifique
Authentique oui elle est unique
Son passage fait crier le public
Ma charmante miss romantique

AVEC MA FILLE À DAHRA DIOLOF

La vie est infidèle mais ce soir elle a bien su tenir sa promesse
Du pouce à l'index dans mes bras je serre fort ma princesse
On s'était promis de se revoir partout où que ça soit
Fouta ou Casa et enfin c'est à Dahra que se croisent nos voies
Entre ma fille et moi c'est plus qu'entre Hugo et Léopoldine
Son visage me procure de l'espérance et son regard me fascine
Avant sa naissance j'existais et actuellement avec elle, je vis
Aux carrefours de nos regards, l'air me prive mes dents et je souris
A Dahra Diolof j'ai vu les oiseaux danser et regagner leurs nids
A Dahra Diolof la lune s'étincelle comme si elle venait de se lever de son lit
A Dahra Diolof les étoiles se noyaient dans le ciel comme si elles allaient perdre l'âme
La nuit brille de mille feux et fait jaillir des boules de flammes
La joie de ma fille prend la mienne en otage et je reste bouche bée
L'émotion m'arrache mes poumons comme si c'était cette nuit que j'attendais

MON AMOUR

Des fois mon cœur se fait prendre à ton jeu d'amour sans que mon âme en soit consciente
On m'a dit qu'être patient c'est agir en attendant mais là, ma foi n'est plus constante
Je ne sais pas pourquoi je respire si fort mais on dirait que t'es juste à côté
Même à ton absence je savoure ton doux regard aux paupières sucrées et salées
Chaque matin à mon réveil je pense à tous ces mots qu'on a eu à échanger
Tu sais l'amour comment il est, mais attends je ne vais pas en parler
Car ce vent de douces sensations dans mon cœur qui ne cesse de souffler
Est né depuis le jour du premier mot échangé
Déjà je me mets à attacher mes chaussures pour courir sur l'étendue de ton cœur
Et à chaque battement de tes muscles je battrais les records en km/h
Avec toi je veux stopper le temps et accuser la raison à tort
Pétrir le bout de l'amour et en faire de l'or
Laisse-moi te bercer sous la pointe de ta poitrine jusqu'à l'heure où tu dors
Et tu n'auras plus à penser au passé et tu réduiras à néant tes remords

En toi, mon être voit des choses que mes yeux ignorent
Laisse ma langue psalmodier tout ce qui s'étincelle sur ton corps
Face aux creux de tes yeux, ma bouche se ferme mais elle refuse de se taire
Même aux souffles du vent de ta chaleur, ma fermeté bat à l'envers

IRRESPONSABLE

Souvent tu oublies que l'amour et la fidélité vont de pair
Souvent tu colores la confiance à l'endroit et tu métisses le mensonge à l'envers
De plus, tu flattes ta bien aimée en disant qu'elle est la reine sur terre
Façon de la conquérir, tu dis qu'elle est ton oxygène et que tu respire son air

Tu joues avec des sentiments d'une innocente fille en rendant sa vie éphémère
Au point que t'es devenu un vrai mytho, elle te croit plus qu'à son frère
Quand vous vous voyez tu n'imagines que vous deux en os et en chaire
Tu veux tout son corps mais tu ne souhaites pas en faire une mère

Pour toi, ses enfants n'ont pas le mérite de t'avoir comme père
Tu fais partie de ceux qui font croire que toute relation relève d'un intérêt
Toi, tes besoins sont tes seuls et uniques nécessités
Naïvement tu profites d'elle sans pour autant l'aimer

De sa faiblesse, tu en profites pour satisfaire tes besoins
Quand cela est fait voilà pour toi tout le sens de votre lien
Plus que fantôme tu vas devenir, pour ne pas prendre son soin

LA PARITÉ

Il est tant qu'on se mette à table et qu'on discute de notre avenir car nous sommes tous responsables.
Tout comme moi, tout le monde ici présent rêve d'une Afrique émergente, d'un Sénégal en avant mais malheureusement on oublie que les femmes aussi doivent être dans les rangs.
Il est tant que les femmes apprennent à lire et à écrire, à penser et à dire et avoir des rôles pleinement à jouir.
Les femmes doivent être écoutées, interpellées avec respect, être nourries et bien traitées.
Il est temps que les femmes vomissent leur haine, brisent leur chaîne, et comme nous participer aux décisions qu'on prend.
J'ai du mal qu'on me dise que la femme n'est née juste que pour se faire des enfants. Alors que tout comme moi homme, elle a aussi le droit de rêver grand.
Nous avons une opinion nulle et tout à fait infondée quand on dit que la femme est le sexe faible et qu'elle ne peut pas émerger.
Pour l'émergence de la femme ça se voit qu'on se mord la chair.
L'égalité dans la différence on la conçoit inadmissible.

Partout on crie et on prie pour l'impossible.
La femme elle, aussi doit vivre sa vie paisible, se nourrir d'espoirs et réaliser ses cibles.
D'abord une chose que je veux que l'on sache la femme n'est pas un objet que l'on déplace, dans ce monde de course et de concurrence elle a bel et bien une place.

RACISME

Si tous les hommes naissent égaux et que nous finirons ensemble dans les tombeaux alors pourquoi on me marginalise du fait de ma couleur de peau ?
Pourquoi on me taxe de sauvage en me jetant du gaz lacrymo ?
Pourquoi on m'indexe le doigt qui tue comme la pointe d'un couteau ?
Écoutez, nous sommes à un moment de la vie où nous devons tous grandir, nous débarrasser de la bestialité et ensemble faire un beau sourire.
Avoir la conviction de supériorité pour moi c'est tout à fait un crime contre l'humanité.
Je me demandais sur quel critère on s'est basé pour dire que ma peau pèse moins lourd et que je n'ai pas droit à exister ?
Dans nos liens étatiques nous avons de bonnes relations, dans le monde du commerce on parle de la mondialisation, dans nos jeux sportifs c'est la coupe du monde des nations et dès que ma peau apparaisse vous vous prenez les plus et moi le négatif des ions.

LE MONDE EST MALADE

Le monde doit impérativement se rendre à l'hôpital à l'évidence
Il ne se sent plus bien dans son corps, il ne faut pas qu'il attende la patience
Qu'on l'opère, lui fasse des analyses et lui prescrive une ordonnance
Survivre à cette maladie, il n'a pas aussi une si grande chance

Hey ! Malheureuse et pire bénédiction d'un monde bien fou
Hélas ! Sous les rafales de l'espoir noires encore hyper floues
Mais ! Un monde qui dans son corps ressent le mal partout
Chaque jour je me demande encore à multi reprises on est où ?

Le globe tremble comme le séisme et souffre gravement
Si la roue tourne comme ça on assistera à un tremblement
Le monde est un malade qui ne prend pas son mal patiemment
Il tend à mourir à petit feu oui doux, lent et brutalement

Un sérieux malade c'est celui qui ne sait pas ce qu'il a
Le monde souffre du Palu, du choléra, du corona et du sida
Que chacun s'écarte et s'éloigne de lui car ça ne va pas
Un si long et vieux monde, prompt rétablissement à toi

FOUTA WÉLIMI

Émaillé de sable du désert de la Mauritanie qui t'a garni
Tes fils ont cherché l'ombre dans le soleil de midi
La sécheresse a fini de se faire place dans ton instinct chaud et sec
Je t'ai vu crier, sursauter d'émotions comme si on t'a mis dans un sac

Les heures passaient, le soleil rayonnait et tes vieux se balançaient dans un berceau sous un palmier dattier
Tes femmes pilaient du mil dont en écho se faisait entendre l'écraser
J'aimerais t'ouvrir mon cœur et te montrer combien je t'aime puis t'offrir mon âme pour te dire voilà mon cadeau
Oui t'ancrer dans ma chair te chérir plus que tout, ma terre natale mon Fouta toro

Sac rempli d'histoire sacrée et secrète heureusement que t'a mis au monde des griots
Il est donc hors de question que disparaissent les combats que tu as gagnés avec brio
Si l'on ne récolte que ce que l'on a semé alors aujourd'hui tes fruits ont fasciné

Les effets de ton travail sont que tes fils sont nés pour t'adorer
j'aimerais t'ouvrir mon cœur et te montrer combien je t'aime puis t'offrir
mon âme pour te dire voilà mon cadeau
Oui t'ancrer dans ma chair te chérir plus que tout, ma terre natale
ma fouta toro

Un jour quand tout fut calme et sans bruit et que sur le ciel aucune
lune n'avait luit
A l'instrument d'une calebasse et salves lyriques au yellah
A une voix suave calquée à celle de Farba
J'ai entendu crier mille et mille fois au timbre du sourd-muet
Et c'était la somptueuse voix de Baba maal sur nianguél dimél

UNE PASSANTE

Même si la nuit se cache souvent très longtemps derrière le soleil
Chaque battement de tes muscles est synonyme d'espoir qui m'éveille
Ton doux regard de mille feux en une somptueuse étincelle
Me fait plonger à ton être et tes multiples merveilles

A ta beauté je me confie et je suis jaloux de toute autre Approche-
toi, dépose ta poitrine sur la mienne, cette vie est la nôtre
Étale mon corps et écris bien notre histoire avec le feutre
Si un jour ta fierté te tue, accuse-moi d'être à l'origine de ton meurtre

Mes yeux sont désormais de fidèles fans de ton jeu de fesses
Je ne sais pourquoi mais c'est à ta démarche que je me confesse
Quand tu avances ô my God ! Je ne sais si je suis au nord ou à l'est
Hum ça fait trembler la rue de gauche à droite et walah sans cesse

Notre plus belle histoire c'est quand nos cœurs se sont rencontrés
Oui quand on a brisé le silence et on s'est mis à s'apprécier
À l'unanimité sans peur du mal et du bien on a décidé de s'aimer
J'ai tout oublié moi sauf le premier baiser qu'on a eu à échanger

DANDÉ MAYO

Au dessus de l'eau les oiseux d'une vive joie de vivre déploient leurs ailes
Les vagues font la symphonie et les mille échos nous réveillent
Au fleuve nos vaillantes femmes s'y rendent pour faire la vaisselle
Sous la menace du vent le désert de la Mauritanie nous émaille

Heureuse bénédiction d'être un digne fils de Dandé Mayo
Grandir au dessous des roses et à la limite du bord de l'eau
Enchanter la confiance en soi et le verbe aux puissants mots
Ici on s'engage à lutter contre le mensonge tel un crédo

A Dandé mayo on vit sans la peur de faire face au quotidien
La tête sur les épaules on trace clairement notre destin
A Dandé Mayo on vit librement tel un aigle sans cacher ses émotions
Ici tout s'apprend et tout se comprend sans nulle question

Ici on n'a nul besoin d'armes fatales encore moins des guerres
Hélas ! On ne cherche pas à savoir pourquoi tourne la terre
Le fleuve fait notre bonheur alors ne nous parlez pas de la mer

STOP À LA VIOLENCE POLITIQUE

Rien ne me fait autant de mal que de voir ces violences politiques Une
histoire qui se répète telle une coutume ou une chose mythique
Une histoire trop sale, dégoûtante, lamentable et purement pathétique
A quand le sérieux chez les opposants et au sein de la République ?

Les politiciens n'aiment pas le mot paix et n'en trouvent pas le meilleur
Ils ne font que trembler le pays et mettre le peuple sous la frayeur
Avoir choisi ces irresponsables dirigeants fut notre fatale erreur
Mais le pire est que ces opposants ne m'inspirent qu'une grande peur

Nos larmes invisibles coulent à l'intérieur et sont difficiles à sécher
L'État fait ce que bon lui semble en oubliant qu'il a été mis au Palais
L'opposition faible de son état fort manque de la vertu d'humanité
Arrêtez de brûler le pays, écoutez le peuple que vous faites pleurer

Qu'en est-il de la politique, du droit des politiciens à brûler le pays ?

Vous avez tué le respect et fait immerger notre ultime espoir à vie
Assez ! Arrêtez votre violence politique vous nous tordez les esprits
Vous semez la honte car le Sénégal n'est pas une terre de barbarie

DAAKA MÉDINA GOUNASS

Il n'y a nulle part au monde une telle manifestation religieuse
Daaka est unique en son genre en ce qu'il est aussi grandiose
Une retraite spirituelle où la grandeur de l'Islam se fait un bel éloge
Dix jours à glorifier Allah sans jamais marquer une moindre pause

Daaka, un lieu béni et les prières qui y sont effectuées sont acceptées
Nulle ne se tord de douleur pendant dix jours ou le sommeil est compté
Tous ceux qui viennent ici sont animés par le désir de se purifier
Jarama Thierno Mohammadou Saydou bah le bien né, le vénéré

Médina Gounass est une université islamique de l'excellence
Ici la charte se remplit avec une vive joie et avec pertinence
Pour rendre grâce au tout puissant l'âme n'est jamais en vacances
Ici se trouve la solution car le don de soi et la foi en Allah font la différence

Une terre de lavage de cerveau où les regards sont tendus vers le ciel
Ici on prie sur Mohamed PSL avec une belle mélodie de vers confidentiels
Sous l'ombre de Thierno Amadou Tidiane Ba la lumière sans pareil
On nous enseigne un but précis qui dirige vers Allah l'éternel

THIERNO ABDOUL MAMOUDOU NDIAYE

L'écho de ses belles paroles retentit sous mes oreilles
Et je le décris en transpirant toute ma joie sur ma feuille
Il a illuminé le monde d'une toute petite et brillante étincelle
Thierno Abdoul Mamoudou, un homme de Dieu hors pair et sans pareil

Aucun homme n'est aussi bien mentalement et avec une bonne raison Pour parler d'Abdoul Mamoudou et de toutes ses multiples dimensions
Un esprit libéré de toutes peines, un pionnier de la religion
Nous l'aimons fort et sans condition car il nous est une bénédiction

La thérapie de nos maux et solutions de nos fameuses équations
Ne pas l'aimer c'est être en opposition avec sa propre raison
En nous il a bâti l'amour d'Allah comme s'il est un maçon
De sa belle lumière, il a parfumé le Sénégal et ses environs

Chaque mot que j'émets sur lui, le bonheur enflamme mon cœur
Une lumière vive d'ici, de loin, de là-bas, de partout et ailleurs
Nul ne peut douter de son bon esprit, de sa lueur et de sa grandeur
En plus d'être un guide, Abdoul Mamoudou est un homme de valeur

NÉNAM MARY MBOW REPOSEZ EN PAIX

Il y a de ces jours où rien n'est bon, tout va mal
Le cœur condamné à la pire douleur Fatale
Silence, bouche bée telle dans une cathédrale
Et on se demande si l'on a encore la morale

Un matin je reçois un appel de je ne sais qui
Allô mon frère écoute néné Mary est partie
Je répondis pardon répète je t'ai mal saisi
L'ouïe et la vue perdues, j'étendis que des cris

Imaginez l'ampleur du mal et du souci
Dans mon pauvre petit cœur meurtri
Par le départ de l'amour de ma vie
Ma maman allongée à jamais sur son lit

D'une odeur d'âcre et de saumâtre clémence
J'endure une trop lourde et rude souffrance
Qui ont brisé brutalement mon rêve d'enfance
Celle de procure à maman une grande opulence

Maman autour de moi t'as fait grand un vide
Tu ne vois pas que je vis dans la solitude
S'il te plaît Néné réponds, allez parle-moi
Pourquoi partir seule fut ton ultime choix ?

J'ai beau pleurer jusqu'à voir tarir mes larmes
Je déplore la mort et son terne sort infâme
De m'avoir ôté ma maman, ma partie, mon âme
Maman si tu m'entends saches que je t'aime

Dans un monde où on vient, on vit et on s'en va
La mort s'impose et marque encore ses pas
Incroyable ! Dites-moi où est Mary Aguibou Demba
Dites-moi qu'elle sera avec nous encore et encore là

A peine de partir, j'ai de tes souvenirs la merveille
Femme fervente et fidèle, propre cadeau du ciel
Femme vertueuse, âme pure sans nulle autre pareille
Va ! Vas-y nenoyam ... vers le ciel pour un repos éternel

D'une paume de ta main serrant celle du prophète
N'oublie pas de me dire que ta vie sur terre tu la regrettes
Dis-moi que les roses de ton paradis te fascinent
J'imagine qu'il y a Mame Ève à côté comme ta voisine

Te perdre ainsi à jamais, quel défectueux regret !
Ô ! Mais Sache que t'es partie pour encore exister
Je me noie dans mes pleurs comme un nouveau né
A quoi bon de bon vivre si la mort est la destinée ?

A NGUIDJILONE

Ce fut une expérience, un beau souvenir, un magnifique séjour Dès le crépuscule je me préparais à lézarder l'or matinal du nouveau jour
A Nguidjilone le soleil cherchait la lune pour lui avouer son amour
Une école de la vie où les leçons se donnèrent dans les cours
A Nguidjilone les femmes sont fortes et font face au quotidien avec dignité
A Nguidjilone les jeunes ont dans le cœur un amas d'espoir et sont engagés
A Nguidjilone on prête serment sur le front de Thierno Aliou yero ball le vénéré
A Nguidjilone l'art d'accueillir quelqu'un tout le monde le maîtrisait
A Nguidjilone j'ai été ému et à la fois content machala j'ai bien aimé

Dans les profondeurs immenses de mes beaux jours à Nguidjilone
Je ne puis décrire ce beau village qui siège dans mon cœur et me façonne
Je retiens que là-bas on aime, on chérit et sans doute on pardonne
Oui à Daara la pluie de la sociabilité tombe à des gouttes de tonnes
A Nguidjilone on vit pleinement ses envies sans cacher ses émotions
Pour faire du bien les hommes ne comptent point les saisons
Lodiou un quartier dont je voue une profonde admiration
Velinguara, une bonne zone de confort où tout se fait en parfaite union

LETTRE À MON FRÈRE

Frère aujourd'hui je me suis réveillé par je ne sais comment Il
fallait que je t'écrive pour te demander ta situation et celle de
maman
Même de loin j'hume votre parfum, vous me manquez gravement
Ici mes rêves emprisonnent mes pensées toute la nuit et très
souvent

J'ai pris ma plume pour vous inventer auprès de moi à ma sauce
Mes vœux, j'ai su qu'il fallait personnellement que je les exauce
Je saigne de nos souvenirs qui dans mon cœur font une hausse
Sans que j'y fasse attention, cette vie dingue me paraît très fausse

C'est bien triste et à la fois difficile de vivre ailleurs et si loin
Jamais je ne reste sans penser à vous, c'est ma routine les matins
Jamais je ne me suis senti aussi mal, d'ailleurs c'est un chagrin
Mais si je caresse coins et recoins c'est pour vous servir de soutien

Parle-moi de mes cousins, des enfants et de ma petite princesse
Quand je pense à elle, mon âme se recouvre de toute tristesse
Dis- lui que je viendrai bientôt la chercher, je lui fais cette promesse
Dis-lui que je l'aime de toute ma force comme avant qu'elle naisse

Tu sais ici je passe à souder des rails qui mènent vers le bonheur
Je porte la famille dans le sang et je la tiens bien au fond du cœur
Même à distance parfois je quémande son affection et sa chaleur
Frère je t'ai écrit cette lettre avec un cœur dans toutes ses couleurs

LA VIE ESTUDIANTINE

Il ne suffit pas d'avoir un mental de résistant
Ou un esprit d'un homme mature dans le sang
Pour surmonter cette vie que tout étudiant endure
Ici le mot facilité n'existe pas et la vie est trop dure

La vie estudiantine est l'unique synonyme de galère,
Elle est trop précaire, elle est dure et tellement cher.
Elle est dégoûtante et fait respirer du mauvais air.
Hélas ! C'est tout à fait une nouvelle atmosphère.

La vie estudiantine est faite d'un mal au flot d'outrance,
De fatigue elle est colorée et métissée de souffrance,
Tissée d'une douleur qui tue en une petite cadence,
Pour réussir cette vie, il faudra une grande chance.

Être étudiant c'est se mettre sous les feuillages,
Tendre ses oreilles pour entendre venir l'orage,
Et perdre ses yeux dans les nuages de l'hivernage.
Ici on perd du temps en prenant surtout de l'âge

Nos restaurants cuisinent mais on finit les plats,
Et on sent à nouveau la faim, on dirait que l'État,
Nous a oubliés ou veut-il que la mort nous abatte,
Si l'étudiant est un citoyen ou non, on ne comprend pas

Ici on ne croit plus à cette expression de dicton,
Qui murmure que l'effort fait les forts en un petit thon
Le mal guette encore nos corps et on doute très fort,
De pouvoir arriver à bon port avec cette vie et son sort.

La vie estudiantine est une grande école de la morale,
Qui apprend à déjouer les pièges et coups fatals.
Ici on ne garde pas, le silence comme une cathédrale
Les peines nous font defaut, instable comme une balle.

La nuit, on ferme les yeux naturellement sans qu'on dorme
Le matin on n'as pas besoin de regarder du sud au nord
Pour voir sur nos peaux comment le pire chagrin nous mord
Les effets de cette dégoûtante vie, visibles partout sur nos corps

Chaque année un étudiant est blessé ou tué par des flics.
Rien que pour une question de bourse, une histoire pathétique !
Ici les choses sont loin d'être roses telle la poésie de Lamartine
Cette misérable et pitoyable vie se nomme la *VIE ESTUDIANTINE*

POSTFACE

Art d'évoquer et de suggérer les sensations, les impressions, les émotions les plus vives par l'union intense des sons, des rythmes, des harmonies, en particulier par les vers, on comprend que la poésie est tout un « Art » … ***Un séjour à la bibliothèque*** est sans doute un exemple typique de la poésie contemporaine, celle qui sur scène se transforme en slam, berceur des cœurs joyeux et caresseur des âmes meurtries. L'auteur lui-même définit son art comme « De la Poésie Pharmaceutique ».

Terroir et Appartenance ; Temps et Nature ; Amour, Femme et Rêve ; Souvenir, Regret et Espoir ; Douleur et mal ; Cris du cœur ; Reconnaissance et Foi, ce sont là les temps qui semblent composer ce recueil d'Oumar.

Dès les premiers vers, la scène de l'appartenance est inscrite. Comme s'il lui a été demandé de s'identifier, l'auteur chante son terroir. ''Fouta'', ''Woudourou'' et plus loin ''Fouta j'arrive'', ''Fouta Wélimi'', ''Dandé Mayo'', révèlent l'attachement du poète à son berceau.

Il y décrit son beau pays bordé de champs, ceinturé de jardin. Du ''Hâte de poser mes pieds sur le sol'' au souvenir de ''la vie se rend belle chez moi'', difficile de ne pas croire que le poète soit nostalgique de la douce lueur du soleil couchant de sa terre natale.

''Mon passé'', un ''Passé coupable'', un passé que l'auteur ne regrette pas mais dont il ne voudrait plus se souvenir. ''Mauvais souvenirs'' décrit la haine et la souffrance extrême, la peur et le désespoir. Malgré tout Gaye èl prësÿ chante l'espoir dans ''La confiance en soi'' qui pour lui est la seule et unique solution.

Et très vite, les poèmes se peuplent de cris de sentences d'autant plus âpres que la douleur, le chagrin sont à vif...
À travers ''La mort'', ''le mal'', ''enfant de la rue'', ''Nénam Mary Mbow repose en paix'', on se rend compte que le chagrin est aussi un des champs de choix de l'auteur. ''Non à l'homosexualité'', ''Combattons le cancer du sein'', ''La clandestine'', ''Racisme'', ''Stop à la violence politique'', ''Le monde est malade'', ... révèlent qu'Oumar n'est pas de ces poètes qui se contentent juste de nous faire voyager dans l'imaginaire naissant de la beauté des paroles, il est aussi des auteurs engagés face aux désormais réalités de chez nous.

Il faudra alors que le lecteur sache qu'il ne lit pas une suite élégante et choisie de beaux mots et il faut qu'il accepte ce temps de tribulations des âmes et des corps, ces colères exprimées qui se multiplient dans un calendrier pétrifié que l'auteur nommera ''les cris du cœur'', ''bateau le diola'', ...

À chaque œuvre, nécessairement une source d'inspiration, les poètes semblent trouver leurs muses dans leur temps d'observation de la nature. Il suffit de lire (ou de chanter) ''L'hivernage'' et ''Arbre'' pour comprendre que la muse de notre jeune poète est dans la verdure. ''Casamance'' (Garni d'arbres et d'eaux, ceinturée d'une somptueuse verdure) ne fait qu'attester son amour à la belle nature.

Dois-je vous avertir (si vous n'avez pas encore goutté aux délices des vers) que l'amour est ici le temps le plus partagé. Dans ''Mon choix à doux'', l'auteur ne fait pas que chanter ''Ma perle rare'' qu'il a rencontrée ''Dans le marché de mon cœur'', il se perd aussi dans l'imaginaire des caresses d'un corps lorsque les étoiles se fanent avant que le roi soleil ne sorte de sa berceuse.

De ‘‘Ma rose’’, ‘‘Je suis amoureux’’, à ‘‘princesse charmante’’, et ‘‘Ma bien aimée’’, Oumar exprime ses promesses : la nuit, la lune et les étoiles par milliers… la patience, la confiance et la fidélité.

Entre délices de l’amour et feux de regret, la frontière semble très mince… Dans ‘‘Message de rupture’’ l’auteur se désole de cette rupture au cœur meurtri. Mais il faut lire certains vers de ce poème pour savoir que le poète ne tiendra pas longtemps loin de sa dulcinée.

« J'ai une intime conviction, oui je t'aimerais pour toujours

Ta place, elle sera toujours là et personne ne pourra la prendre »

Voilà pourquoi, après que la ‘‘solitude’’ eut entrainé des coups durs et brûlures dans son cœur en cortège de cauchemar, ‘‘Pardonne moi’’ est l’occasion pour l’auteur d’exprimer que :

« Si chaque goutte de larmes sur mes joues est synonyme de regrets

Alors sache que j'aurai aimé effacer tout et recommencer à zéro »

Le pardon sera-t-il accepté ? De toute façon Oumar partira à la reconquête. ‘‘Seconde chance’’ est justement le moment pour

L’auteur de faire comprendre qu’il a souffert et a maigri de l’absence de l’amour de celle qu’il appellera par la suite ‘‘Ayo mon bébé’’.

Mais ce chef-d'œuvre de Gaye èl prësÿ, c'est aussi la reconnaissance exprimée. ''A Nguidjilone'', il y peint ce qu'il appelle une expérience, un beau souvenir, un magnifique séjour. ''Baaba Baîdy Maal(acrostiche)'' et ''Tidiane Hann'' sont les moments pour le poète de chanter des figures légendaires et bibliothèques de l'art Halpular, ... les halpulaar, Oumar dédiera un poème dans ''Les Halpulaar''.

Dans ce recueil, c'est aussi la reconnaissance à la Lune et aux Etoiles de la foi, de sa foi islamique. Les nombreux poèmes dédiés aux
Perles de la Tijania laissent apparaitre l'univers confrérique du poète qui par ailleurs n'oublie pas de s'attarder sur une fenêtre de sa vie, celle qui vit ou qu'il aura vécue ''La vie estudiantine''.

L'art surgit, dans le temps même où le poète veut dire ce qui lui est advenu et que l'on devine, au fur et à mesure que l'on avance dans le recueil et que l'on parvient jusqu'au ''Pourquoi j'écris'' que je tiens pour un autre temps fort sur ce chemin de ''Slam/Poésie''.

Pour écrire un poème à la dimension de **UN SÉJOUR À LA BIBLIOTHÈQUE**, il faut impérativement l'âge de l'apprentissage, avec ses espoirs et ses détresses, ses rêves et aussi ses moments de nécessaire ascèse poétique. Ils sont les compagnons du poète pour ''La force du cœur'' au ''Le petit matin'' d'''un séjour à la bibliothèque''.

Dr Demba GAYE, Enseignant-Chercheur
Université Assane Seck de Ziguinchor

TABLE DES MATIERES

DÉDICACES 4
REMERCIEMENTS 6
PREFACE 7

FOUTA *11*

WOUDOUROU *12*

L'HIVERNAGE *14*

MON CHOU À DOUX *15*

MON PASSÉ *16*

L'UNE OU L'AUTRE *17*

MON RÊVE *18*

LA SOLITUDE *19*

AMOUR FRAGILE *20*

MA ROSE *21*

JE SUIS AMOUREUX *22*

LA FORCE DU CŒUR *23*

LA MORT *25*

LE MAL *26*

ENFANT DE LA RUE *28*

LA CONFIANCE EN SOI *29*

MAUVAIS SOUVENIRS *30*

MA PERLE RARE *31*

L'ARC-EN-CIEL DE MES YEUX *32*

MA PHARMACIE POÉTIQUE *33*

SON REGARD SUR LE MIEN *34*

PASSÉ COUPABLE *35*

CASAMANCE *36*

JE SUIS DE CETTE AFRIQUE *37*

TOI ET MOI *40*

MESSAGE DE RUPTURE *41*

IL M'ARRIVE *43*

PALESTINE *44*

AU COMMENCEMENT *45*

LA FORCE *46*

REINE DE MON CŒUR *47*

PARDONNE-MOI *49*

MA SŒUR A LA BAGUE AU DOIGT *50*

HEUREUX MARIAGE A NOUS DEUX *51*

JE T'AIME MAMAN *52*

NON À L'HOMOSEXUALITÉ *53*

LES CRIS DU CŒUR *54*

LETTRE À AL FARUQ *55*

TIDIANE HANN *57*

POURQUOI J'ÉCRIS *58*

LA FEMME, UNE INNOCENTE *60*

PAPA MERCI MILLE FOIS *62*

DULCINÉE *63*

BONNE NUIT *64*

UN MONDE NOUVEAU *65*

ENFANCE *66*

JEUNESSE INCONSCIENTE *67*

SLAM / POÉSIE *68*

DIS-MOI *69*

FOUTA J'ARRIVE *71*

SUR LA LUNE *72*

BONNE CHANCE AU BFEM *73*

BONNE CHANCE AU BAC *74*

BAABA BAÎDY MAAL *75*

BATEAU LE DIOLA *76*

REPOSE EN PAIX SMD (Souleymane Diallo) *77*

MI YEWNIMA GUIDELAM *78*

COEUR SUR LE CHEMIN D'UN EXIL *79*

CŒUR CHOISI *80*

SERIGNE MANSOUR SY BALKHAWMI *82*

SERIGNE BABACAR SY *83*

SERIGNE PAPE MALICK SY *84*

AL FOUTIYOU TALL *85*

AL MAKHTOUM *86*

MAME MAODO *87*

BAYE BARHAMA NIASS *88*

JËRËJËFË SERIGNE TOUBA *89*

MOHAMED (PSL) *90*

THIERNO SAMASSA *92*

BASSIROU FAYE *93*

SOLITUDE *94*

REPOSE EN PAIX BÉBÉ SALY *95*

SÉRÈRE ET HALPULAR *96*

FEMME *97*

ELLE *98*

MA BIEN AIMÉE *99*

JE L'AI APERÇU *100*

PRINCESSE CHARMANTE *101*

COMBATTONS LE CANCER DU SEIN *102*

MON SÉJOUR À LA BIBLIOTHÈQUE *104*

SECONDE CHANCE *106*

LES HALPULAAR *107*

LA CLANDESTINE *108*

LA JEUNESSE *110*

AYO MON BÉBÉ *111*

ELLE EST BELLE *112*

AVEC MA FILLE À DAHRA DIOLOF *113*

MON AMOUR *114*

IRRESPONSABLE *116*

LA PARITÉ *117*

RACISME *118*

LE MONDE EST MALADE *119*

FOUTA WÉLIMI *120*

UNE PASSANTE *122*

DANDÉ MAYO *123*

STOP À LA VIOLENCE POLITIQUE *124*

DAAKA MÉDINA GOUNASS *125*

THIERNO ABDOUL MAMOUDOU NDIAYE *126*

NÉNAM MARY MBOW REPOSEZ EN PAIX *127*

A NGUIDJILONE *129*

LETTRE À MON FRÈRE *130*

LA VIE ESTUDIANTINE *131*

POSTFACE **134**

www.ingramcontent.com/pod-product-compliance
Lightning Source LLC
LaVergne TN
LVHW012105160826
845678LV00014B/2940

* 9 7 8 2 4 9 2 7 3 7 0 9 1 *